U0703825

東南亞華人信俗碑銘輯録

五

附圖

黃海德　編著

海峽出版發行集團
THE STRAITS PUBLISHING & DISTRIBUTING GROUP
福建教育出版社

目録

儒教

道教

佛教

民间信仰

儒教

印度尼西亞井里汶新家亭樂捐牌

印度尼西亞東爪哇泗水文廟建造文昌祠樂捐碑

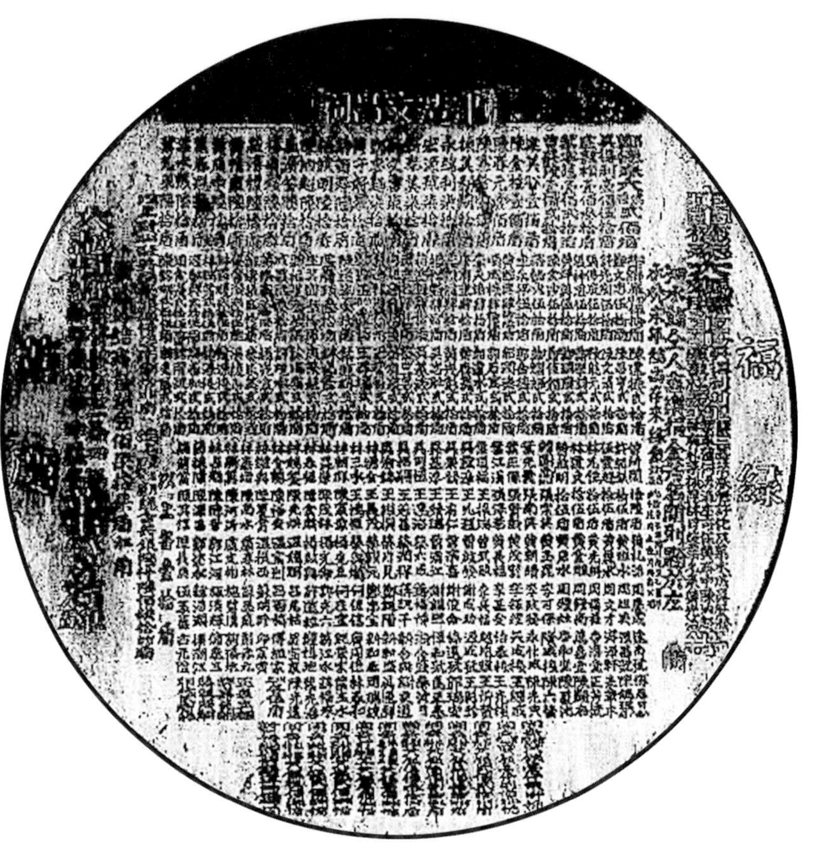

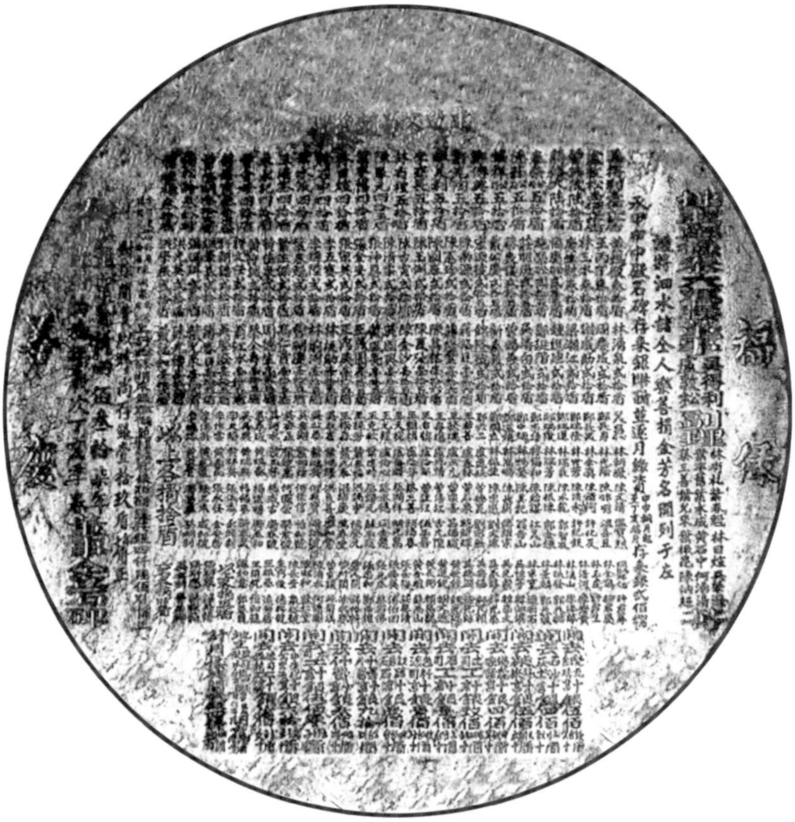

印度尼西亞東爪哇泗水文廟建造文昌祠後蓋樂捐碑

印度尼西亞東爪哇重建泗水文廟兼學堂碑（二）

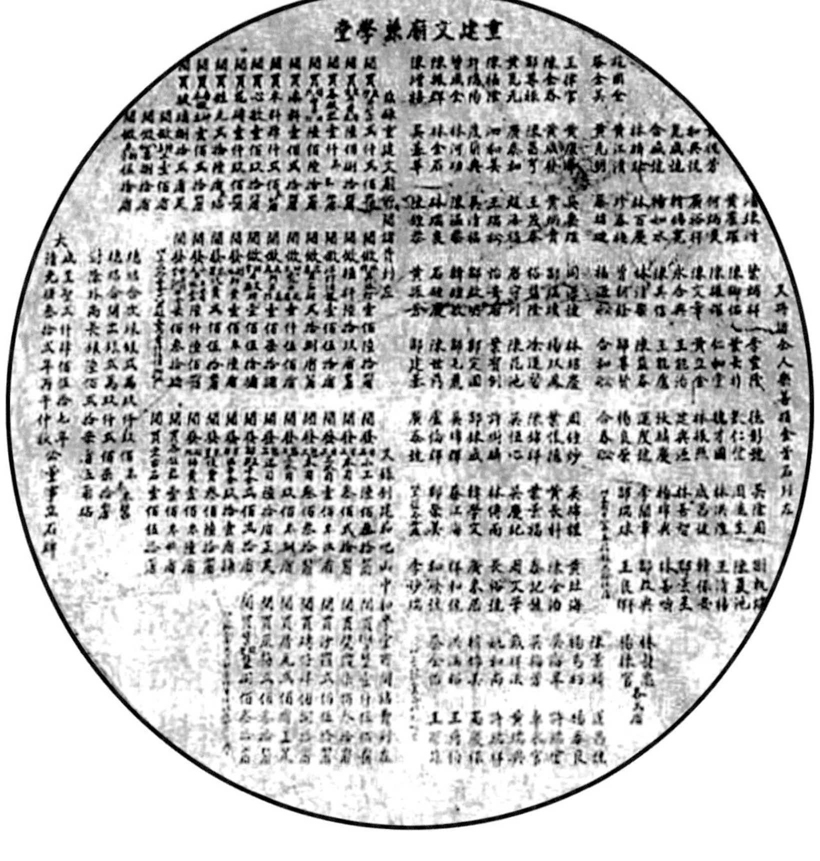

重建文廟兼學堂

道教

馬來西亞森美蘭芙蓉天公五老觀碑

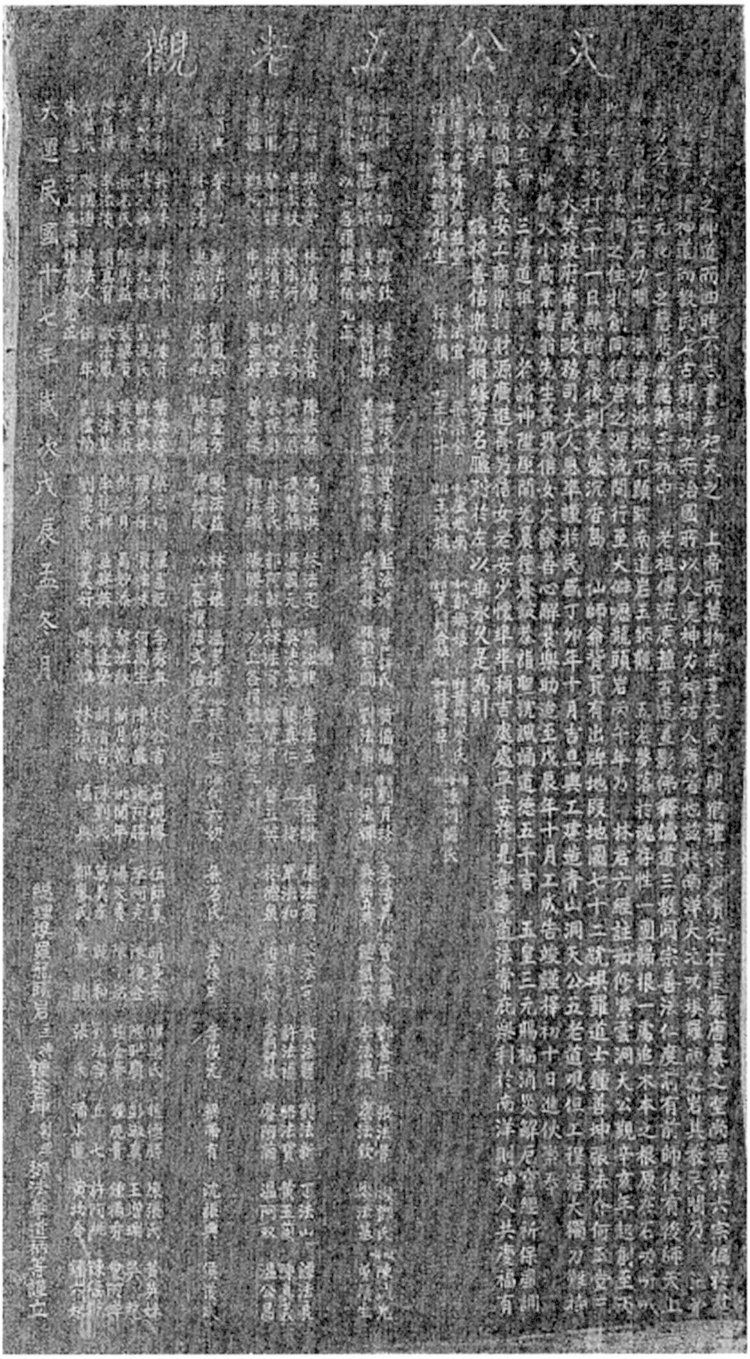

重修天公五老觀

芙蓉埠沉香島天公五老觀

1858年重修宮觀新起青山洞牌樓並結石圍墻衆各善男信女誠心樂助芳名呈列

星洲鄧福旺捐銀玖佰壹拾元正

何煥弟 道名真合 捐銀伍佰元正 加壹佰元

韋振南 法名道振 捐銀叁佰元正

黎禮富捐銀叁佰元正

王傳俊 偕妻 楊秀容 共捐銀佰元正 伍

梁法明 雷真秋 李真環 各捐壹佰元正

李真神 李真添 凌真發 王来德 陳真如 以上各捐銀式佰元正

李瑞聯 李全 陳品貞 葉流 偕男 葉志明 張門李雲招 李修成 以上各捐銀壹佰元正

何芹然 何能然 黎正行 劉松江 胡培 陳愈興 蔡耀榮 邦亞祝 池合坤 張芳記

杜書榮 陳加耀 贈林月娥 陳安新 陳志信 協和利 張玉清 祁日寬 池合順 莊榮泉

韓仙勝 廖炳隆 符壽熹 黃鹿羚 陳真鄉 郭池 李登木 吳真童 黎禮錢 呂應恩

魏松 梁培基 何亞湖 李譚 王錦雄 潘途鈍 潘韶齡 扁勝昌 陳真興 饒瑞豹

陳慶桐 南生號 羅觀娣 蘇九 陳黃四 胡泉發 楊林氏 老電力 何真傑 陳山水

葉春 廖金松 王小石 宋玉蓮 吳真果 曾真榮 梁法明 梁亦民 梁秀英 萬友

張木英 李真神 廖伴旺 以上各捐銀伍拾元正

李真添 李質成

1858年拾月吉旦日本觀主持 總理鄧法華 副總理 法真城 何真合 謹立

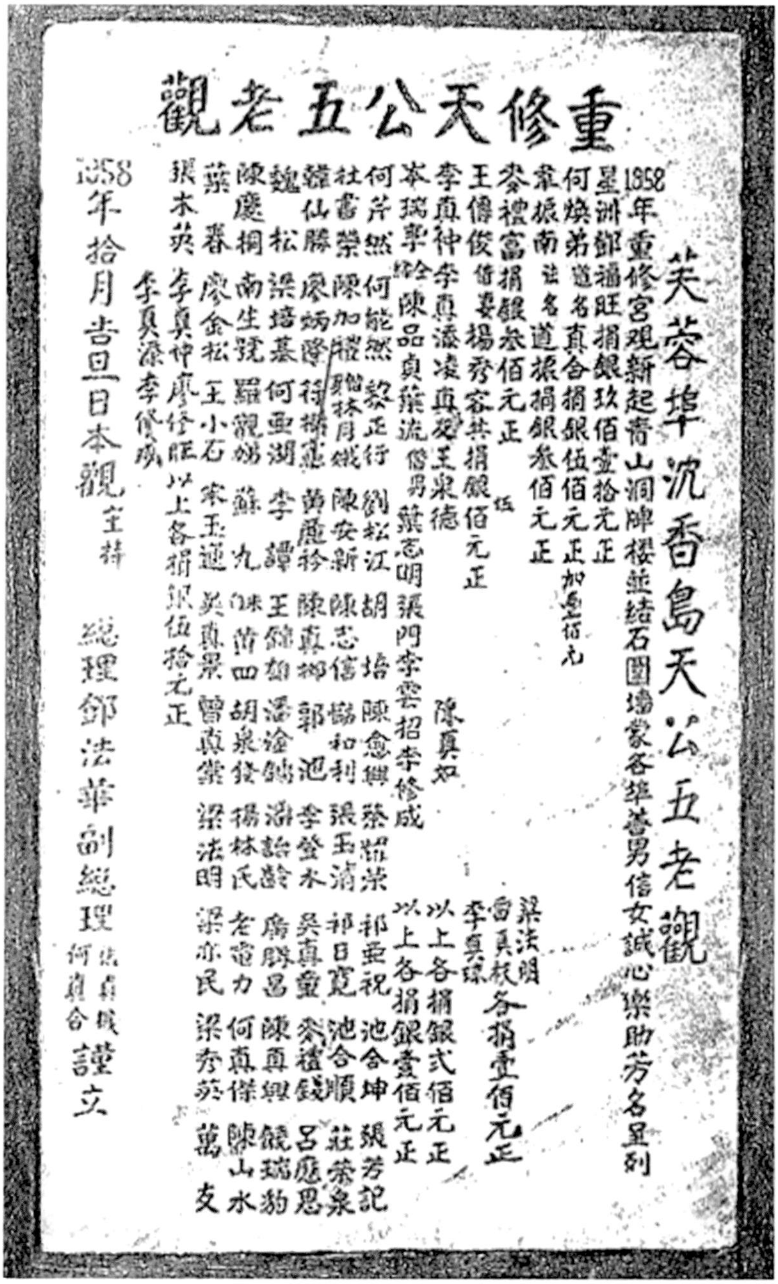

新加坡粵海清廟玄天上帝楹聯

新加坡粵海清廟光緒御題「曙海祥雲」匾

馬來西亞吉黎望玉虛宮慶成建醮捐緣木牌

馬來西亞吉黎望重修玉虚宫碑記木牌

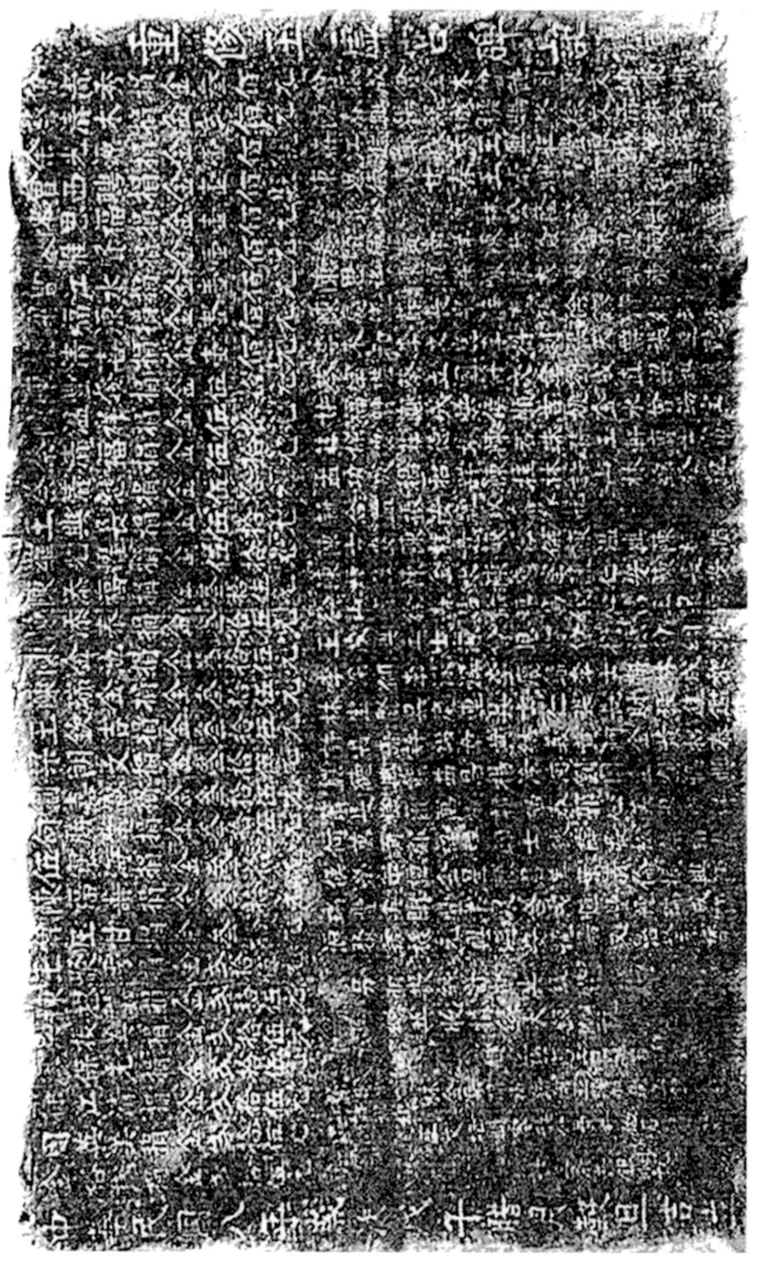

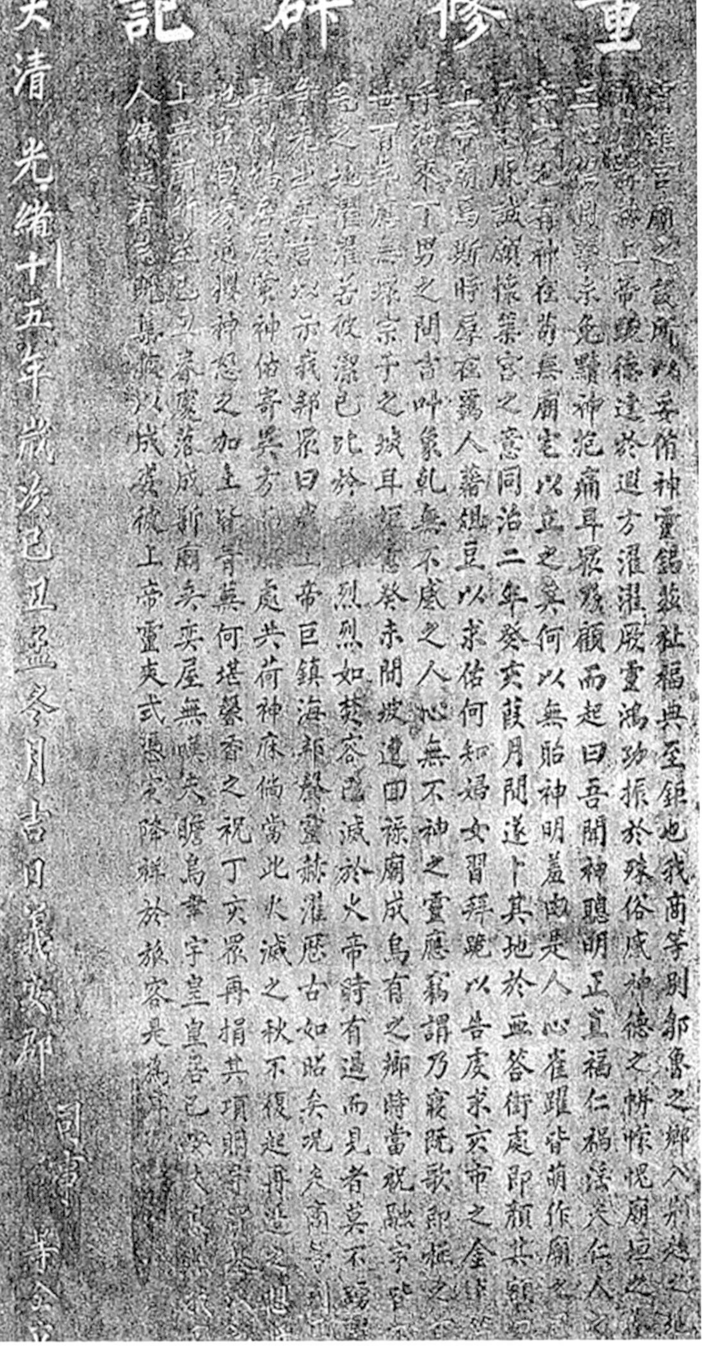

印度尼西亞加里曼丹三馬林達天儀宮序碑

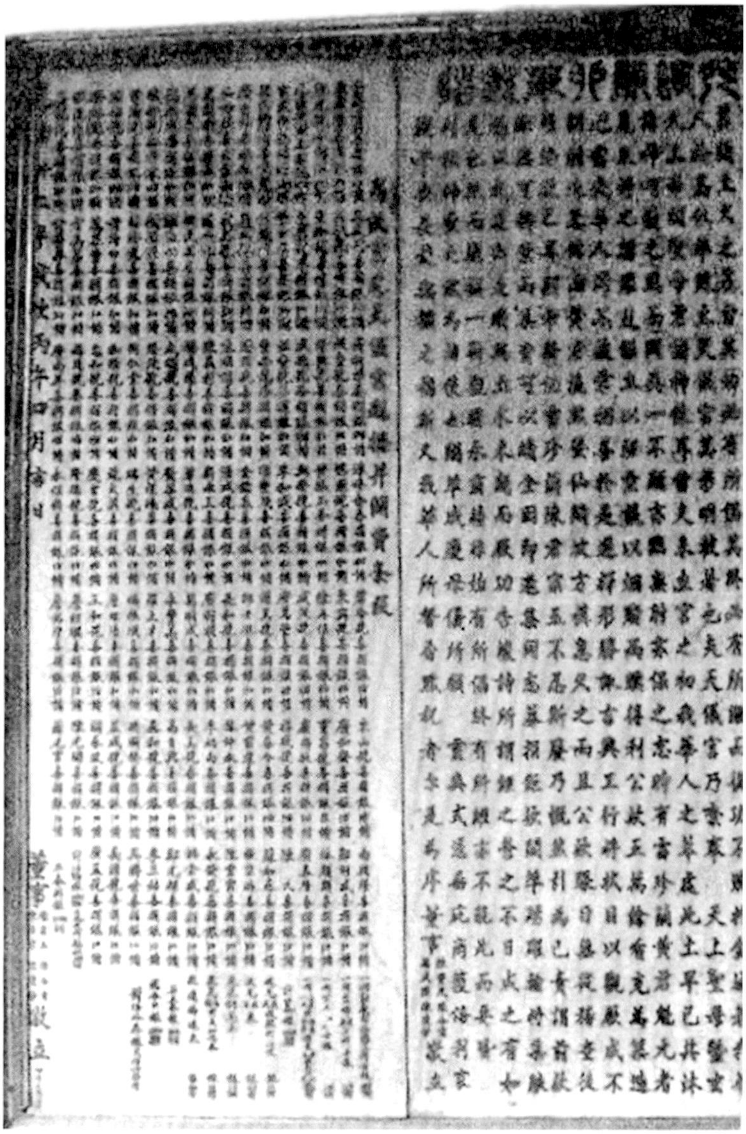

泰國曼谷重修老本頭廟序碑

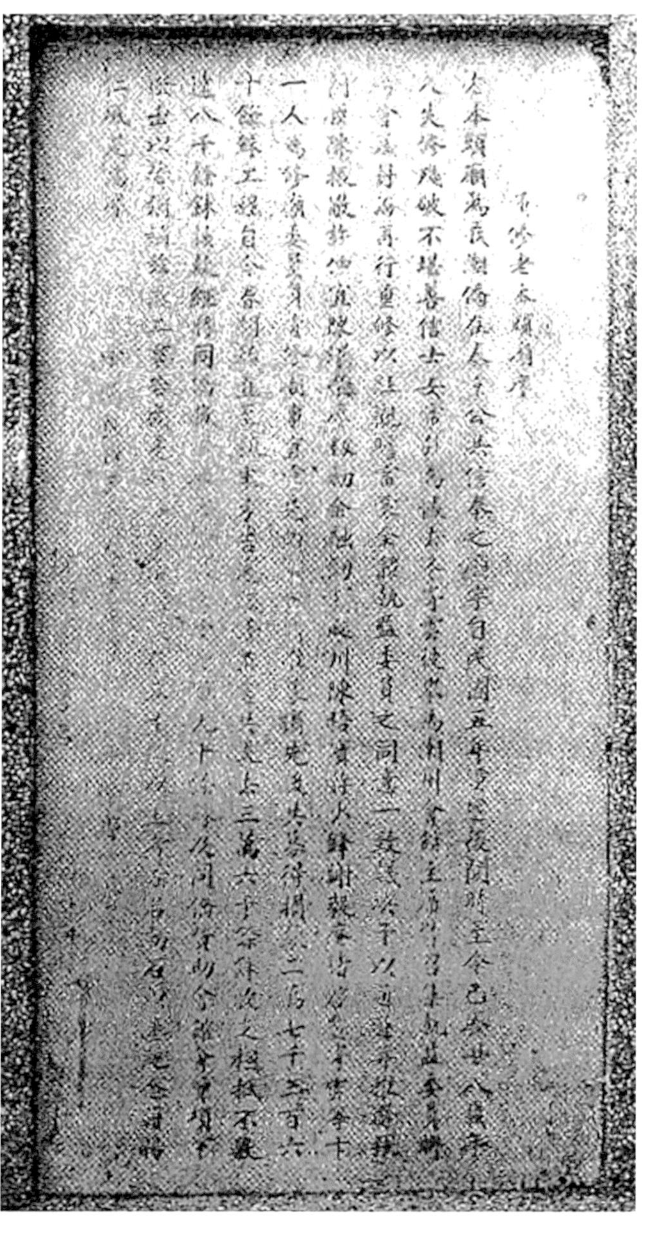

新加坡三水會館「萬古綱常」匾

新加坡潮州八邑會館四十周年慶匾

越南胡志明市重建義安會館碑記

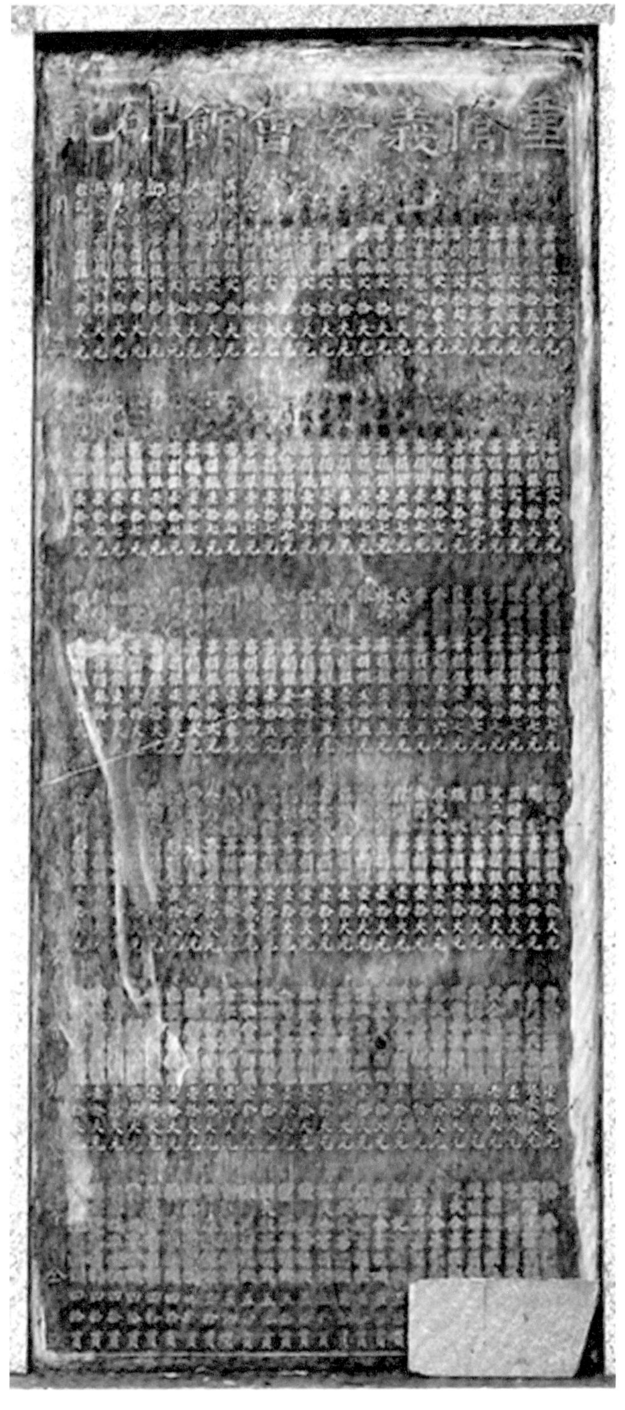

越南胡志明市重修義安會館碑記（一）

越南胡志明市重修義安會館碑記（二）

新加坡新橋路新建番禺會館碑記（上片）

新建番禺會館碑記

新加坡新橋路新建番禺副館碑記（上片）

新建番禺副館碑記

新架波之有番邑會館也由来舊矣誠以旅居得所容至如歸其為萬桑梓之情重枌榆之誼者意亦良厚惟是館舍狭隘羇客繁多或養閒而致厭喧囂或抱恙而恭嫌煩擾即或雖事索處誰為奉侍之人或隨地雜處更非同欲之侶嘆關山兮難越失路堪虞偶萍水兮相逢他鄉即故此副會館之設不容已也嗟乎諸君子不惜財不惜力綢繆有盡善之規同鄉親可以去可以来庇蔭有無窮之頼休哉此美舉也是用為序

大總理胡南生　副胡義生　理巧珍店

值事　合興　福隆　茂興　長盛　正三福　兩益　廣勝　德生　順南　貽穀　文行堂　廣福興　泰昌棧　廣合和　醉樂居　馮子凌　廣紹安　全立

令將喜助工金芳名列于左

新加坡新橋路新建番禺副館碑記（下片）

印度尼西亞萬隆建造聖帝廟樂助芳名碑

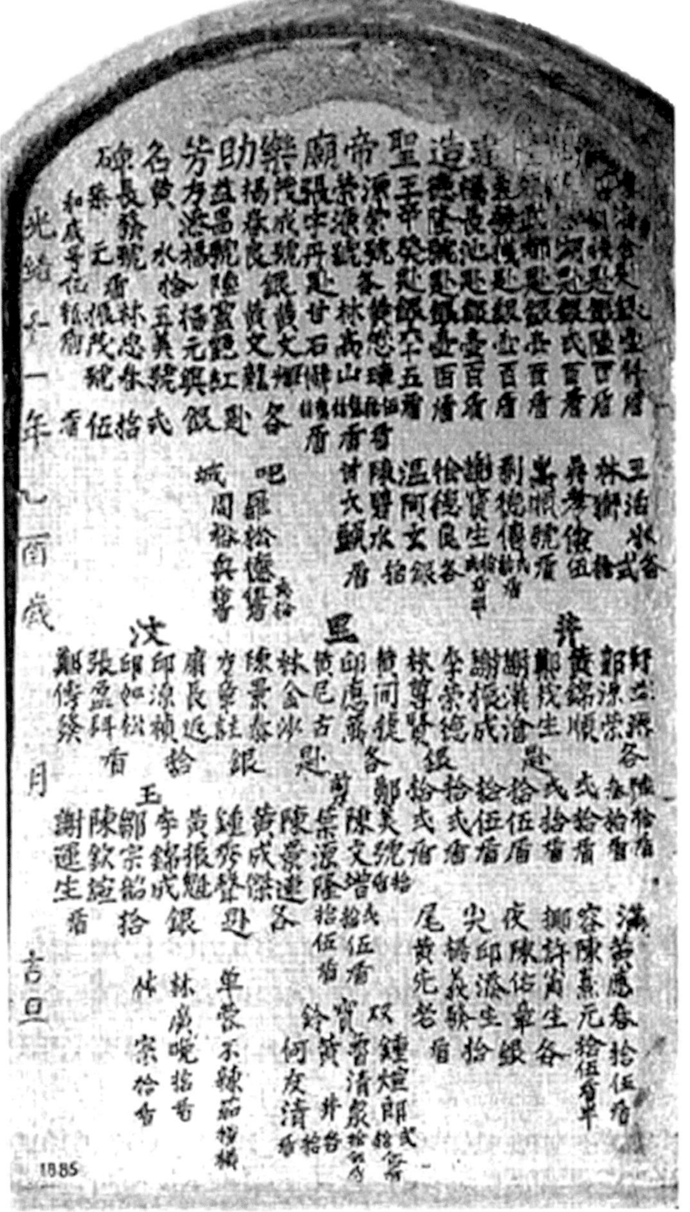

印度尼西亞萬嘟重建協天宮芳名立碑

光緒三十三年歲次丁未孟冬月吉日 立

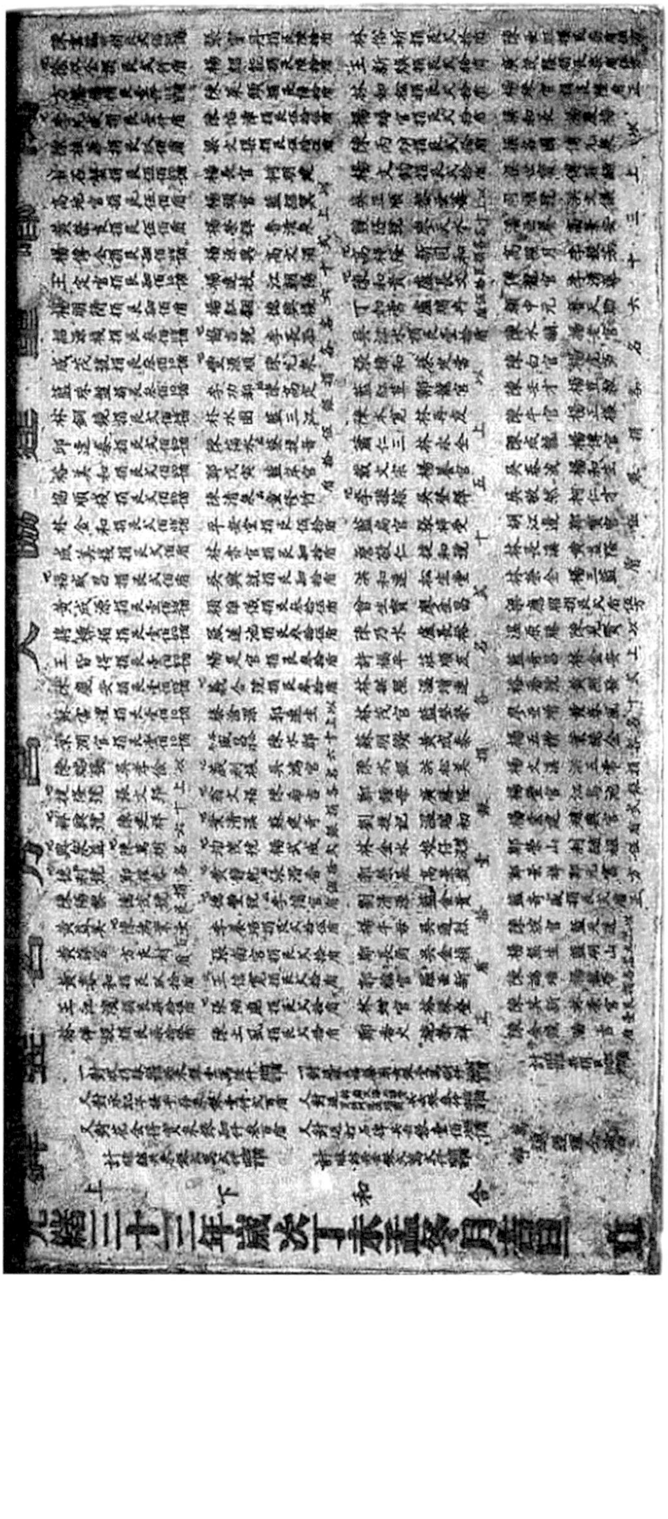

印度尼西亞棉蘭關帝廟碑

印度尼西亞中爪哇重修日尿鎮靈宮碑記

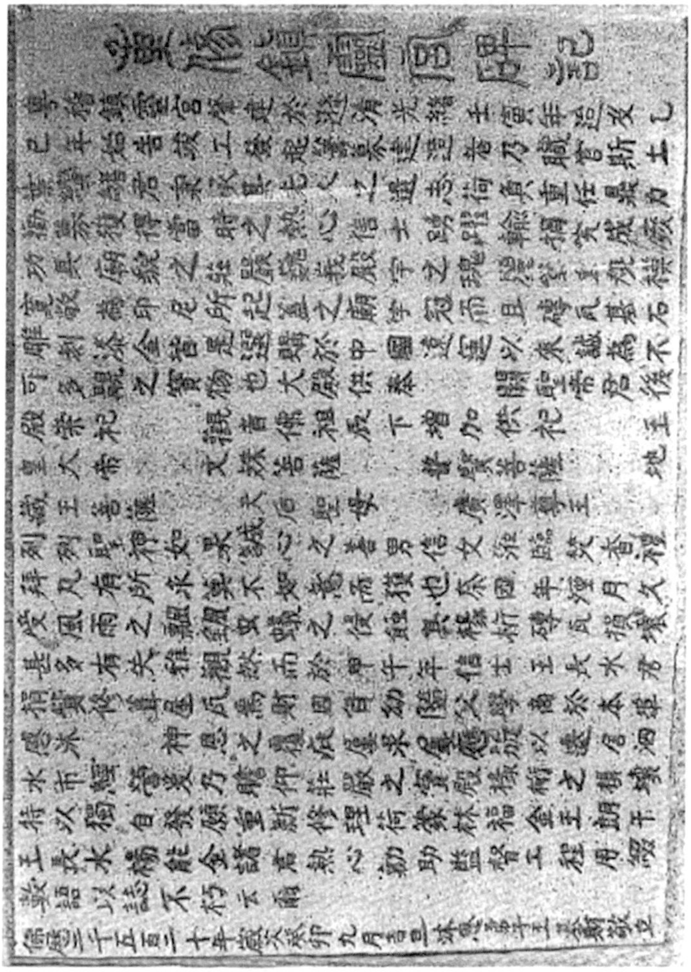

印度尼西亞雅加達三元宮三官太帝正式會員表

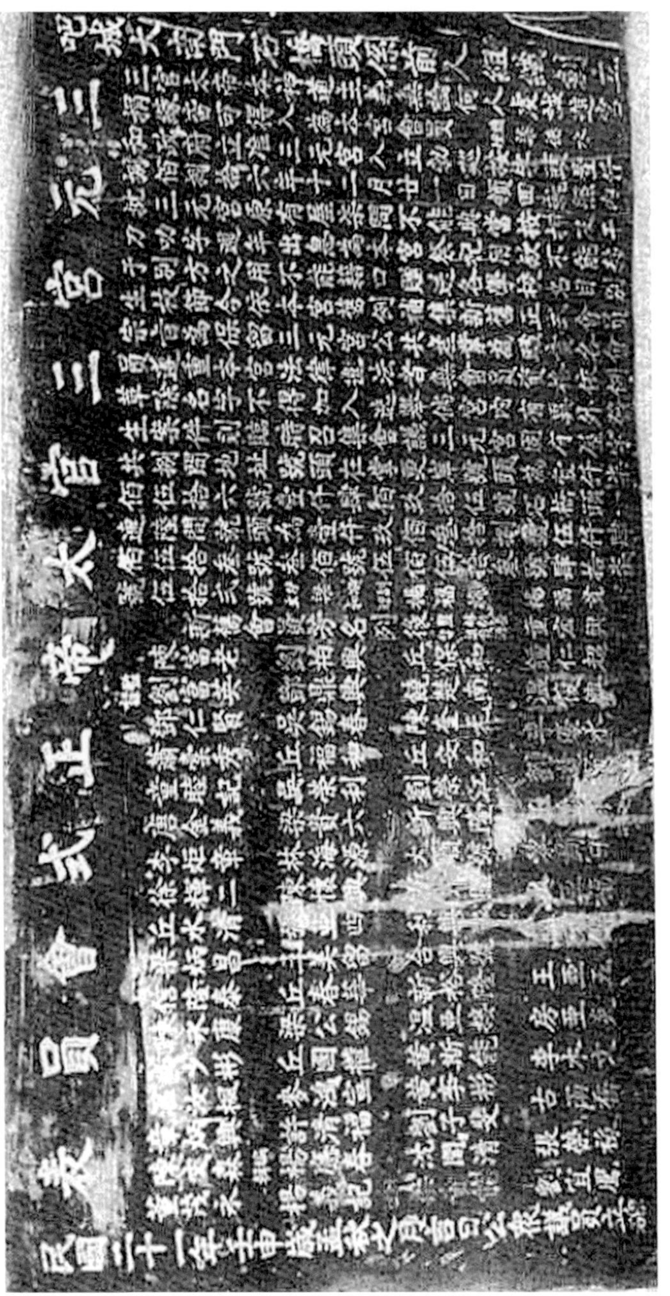

馬來西亞馬六甲保安宮小吊橋中元普度再捐緣序文木牌

馬來西亞馬六甲保安宮追記賬目銷毀捐緣木牌

馬來西亞馬六甲保安宮協題公項捐緣木牌

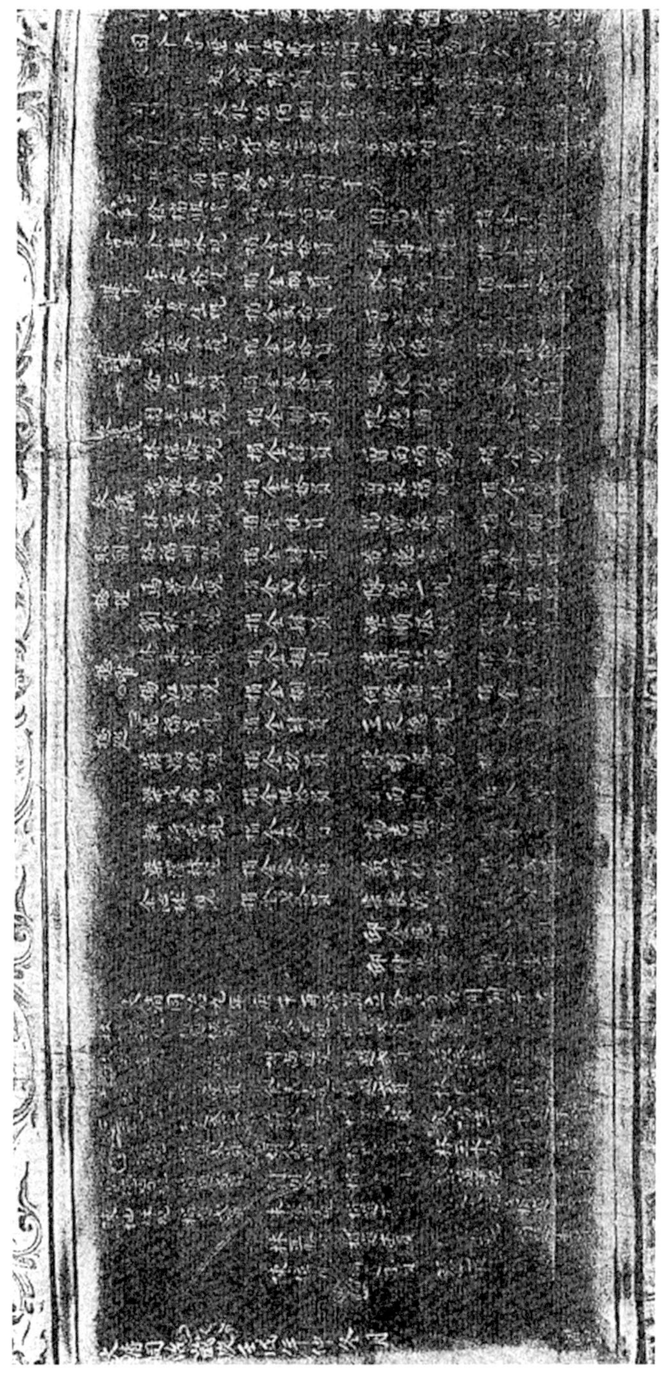

馬來西亞馬六甲保安宮中元捐緣木牌

馬來西亞馬六甲保安宮修廟及金身捐緣木牌

馬來西亞馬六甲湖海殿碑記

馬來西亞檳城日落洞新建清寶殿清龍宮碑記

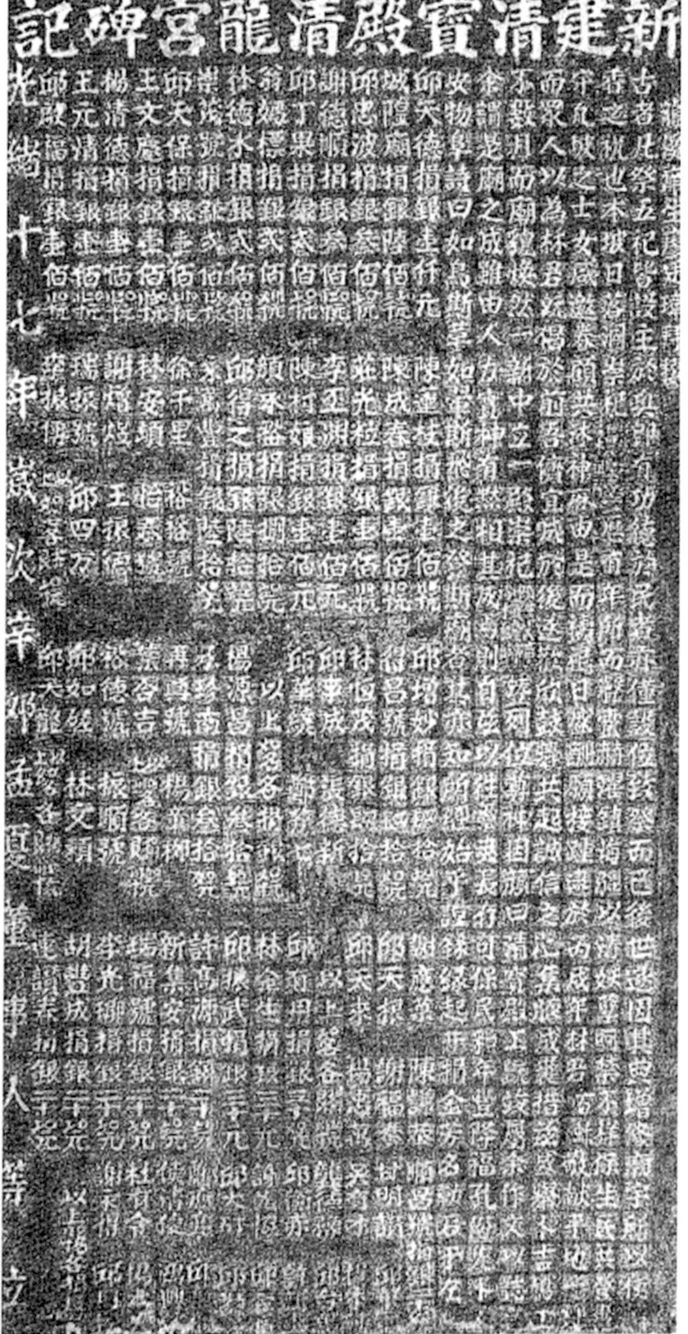

馬來西亞檳城日落洞清龍宮獻地石碑

馬來西亞霹靂州呇眼色海聖古廟合聚捐題碑

馬來西亞馬六甲日落洞山功德碑記

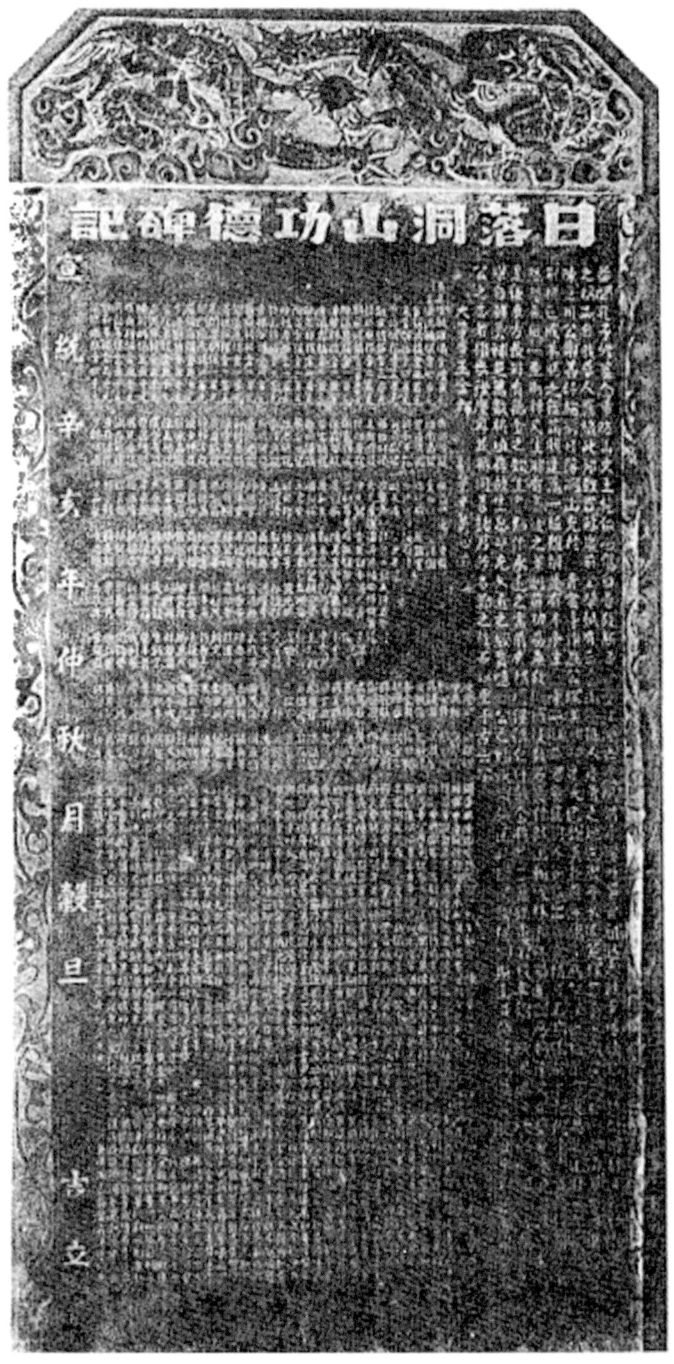

馬來西亞馬六甲靈山亭陳敏政功德碑

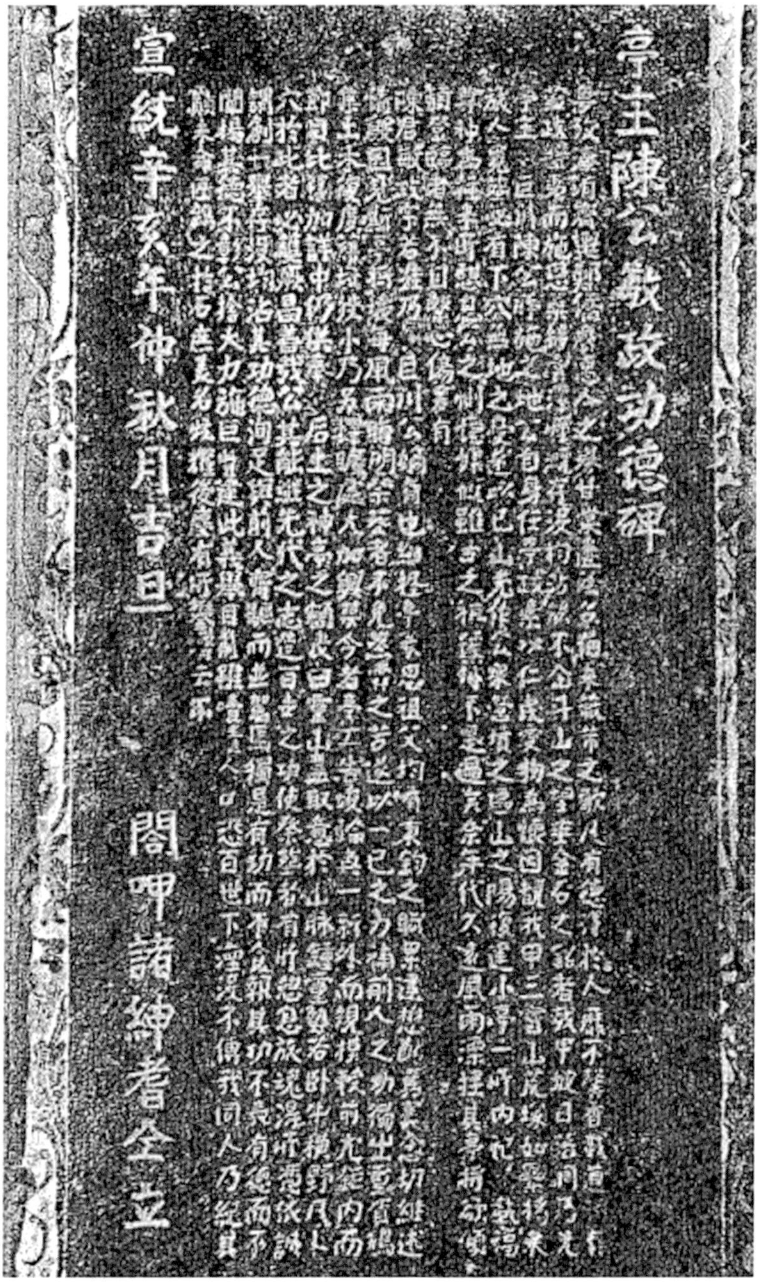

亭主陳公敏政功德碑

宣統辛亥年神秋月吉旦　閣呷諸紳耆仝立

佛教

馬來西亞檳城大圓佛堂五輪塔碑

印度尼西亞蘇北棉蘭轄屬浮羅把烟清音禪寺碑記

馬來西亞檳城極樂寺欽命管理僧録司電文碑

欽命管理僧錄司印務覺

光緒三十年九月初一日給

馬來西亞檳城極樂寺羅狀元勸世歌石刻

馬來西亞檳城極樂寺功德碑（一）

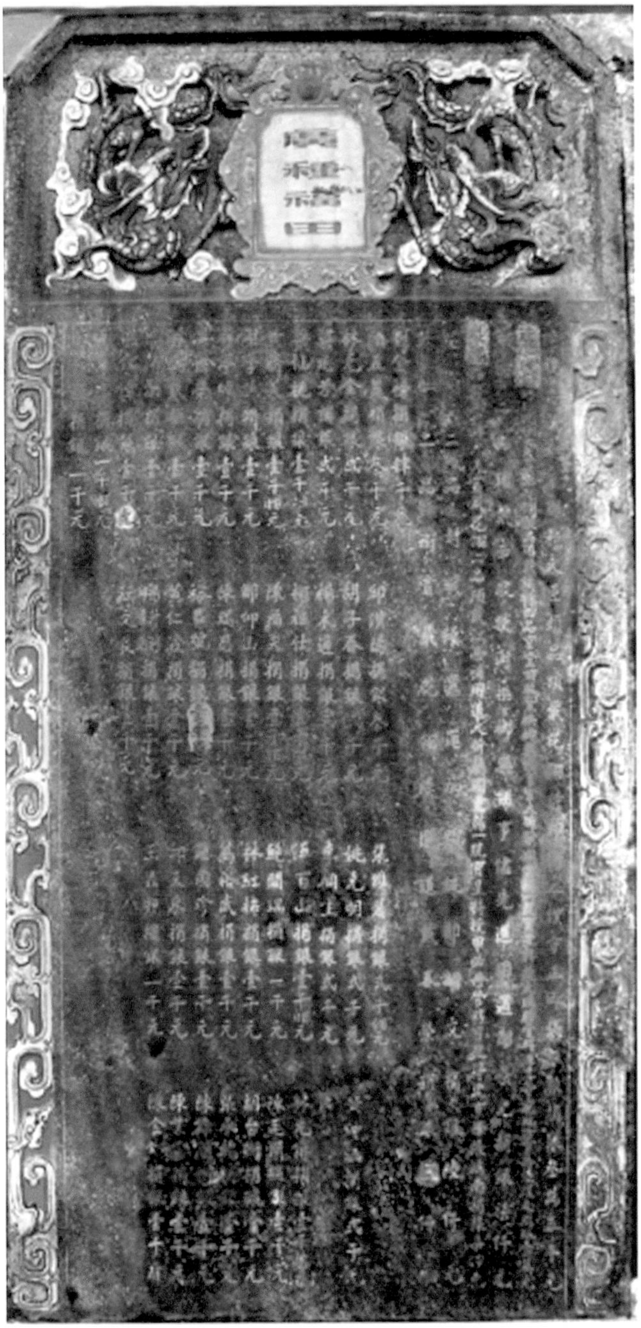

馬來西亞檳城極樂寺功德碑（二）

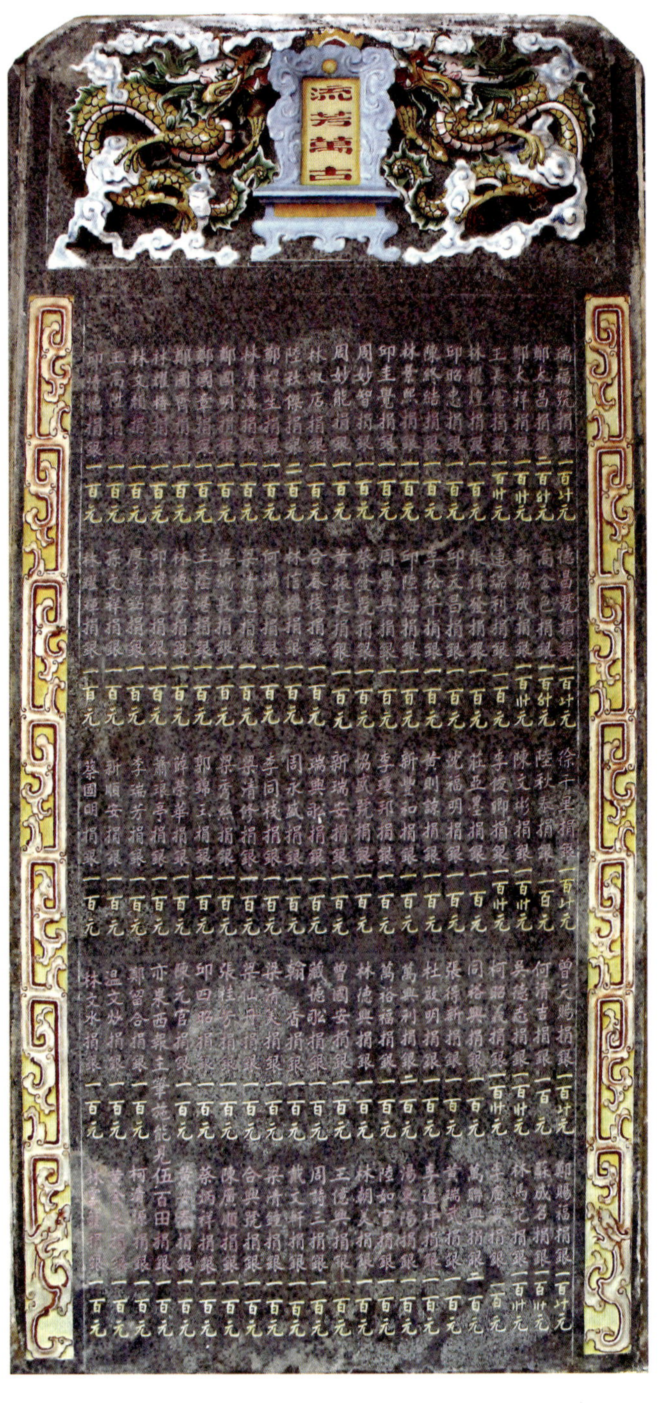

馬來西亞檳城極樂寺功德碑（三）

馬來西亞檳城極樂寺功德碑（四）

馬來西亞檳城極樂寺功德碑（五）

馬來西亞檳城檳榔嶼白鶴山極樂寺碑

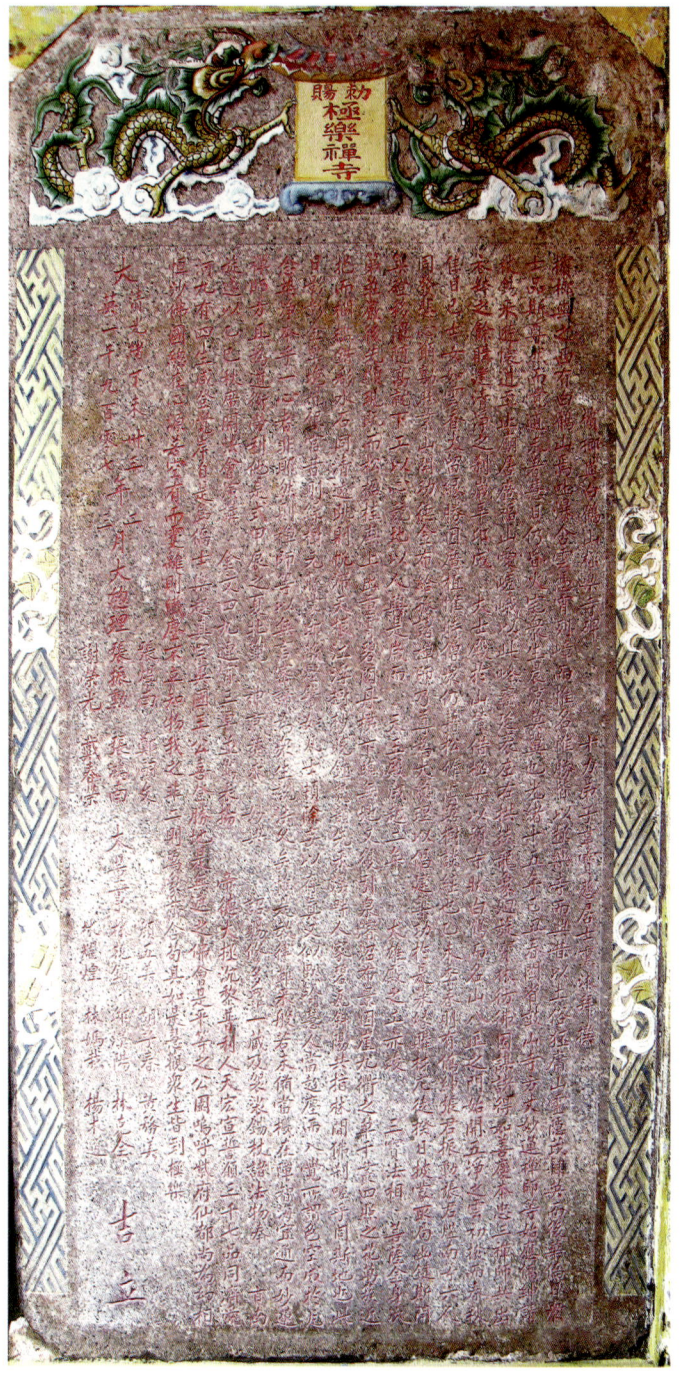

馬來西亞檳城鶴山極樂寺祖堂碑記

馬來西亞檳城敕賜檳城鶴山極樂禪寺條規碑

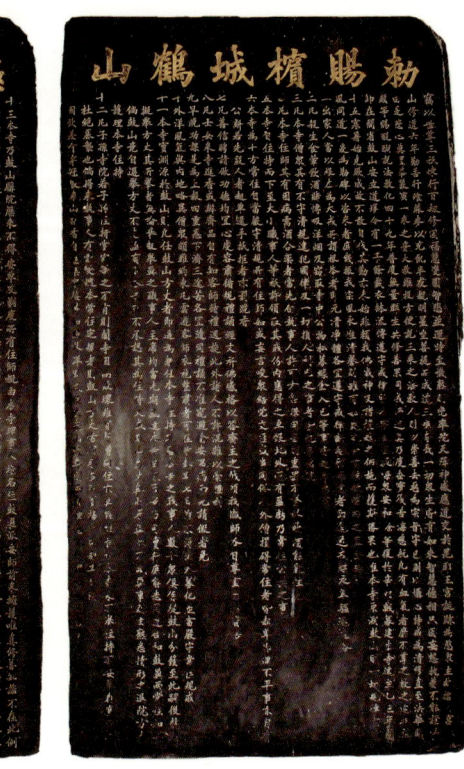

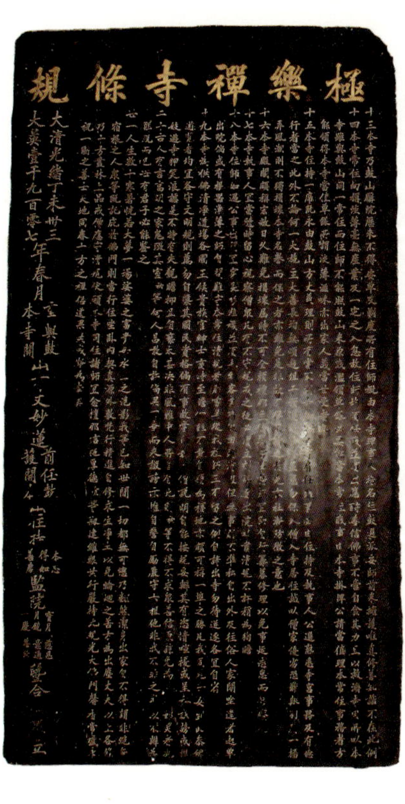

馬來西亞檳城極樂寺碑記

福有攸歸

馬來西亞檳城極樂寺韜光亭記匾

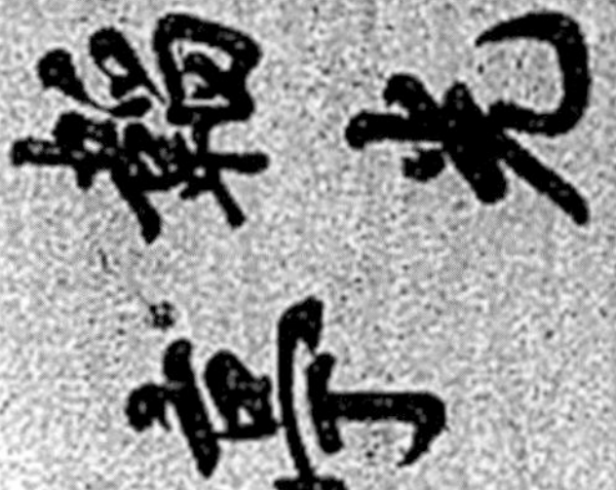

馬來西亞沙撈越福建公會重修青山岩募捐宣言木牌

新加坡蓮山雙林禪寺緣起碑

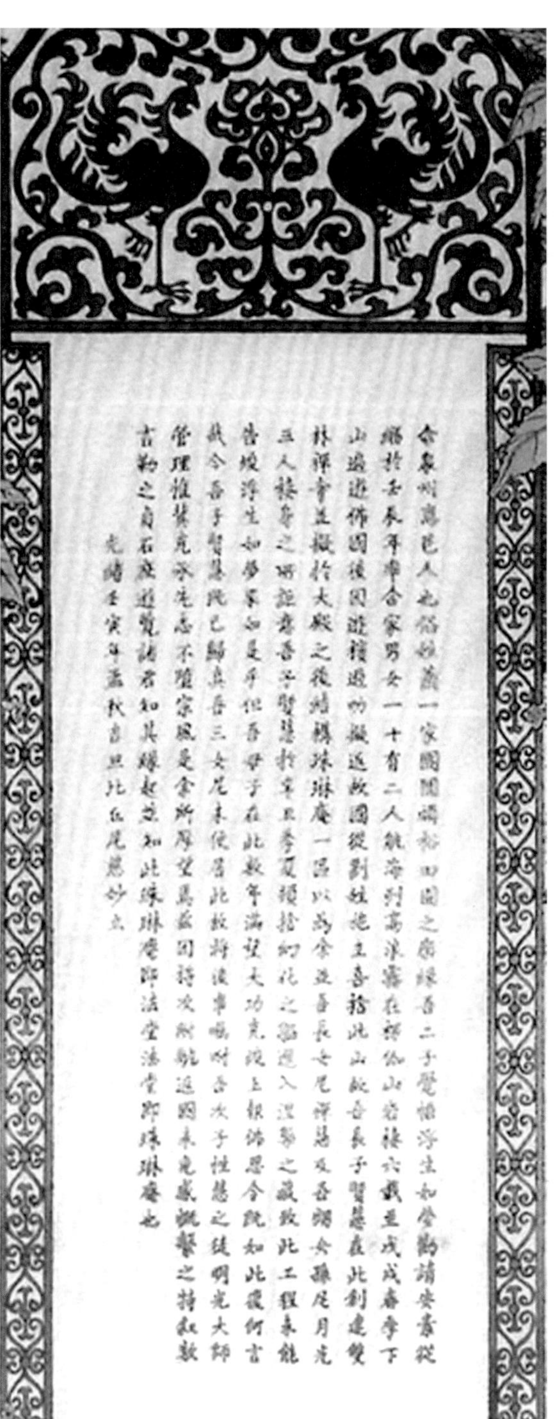

余泉州惠邑人也俗姓蕭一家闔閭福於四國之廣緣吾二子覺悟浮生如夢勸請安書從
緣於吾本年率合家男女一十有二人航海到高冰霧在錫仙山岩棲六載至戊戌春季下
山遊遊佛國後因遊檳遊吻嶺返故國從劉姓施主喜捨此山畝吾長子賢慧在此創建雙
林禪寺並擬於大殿之後構蓋珠琳庵一區以為余並吾長女尼禪慧及吾媳女孫尼月光
五人棲身之所詎意吾子賢慧於本旦季夏頓捨幻化之軀遽入涅槃之藏致此工程未能
告竣浮生如夢果如是乎但吾母子在此數年滿望大功克竣上報佛恩今既如此復何言
哉今吾子賢慧既已歸真吾三女尼未便居此故將後事囑附吾次子性慧之徒明光大師
管理維繫克承先志不墮宗風是余所厚望焉茲因詩次航返國未免感慨繫之特叙數
言勒之貞石庶遊覽諸君知其緣起並知此珠琳庵即法堂涤堂即珠琳庵也
光緒壬寅年孟秋吉旦比丘尼慧妙立

新加坡重修蓮山雙林禪寺碑記

重修蓮山雙林禪寺碑記

新加坡募建蓮山雙林禪寺碑記

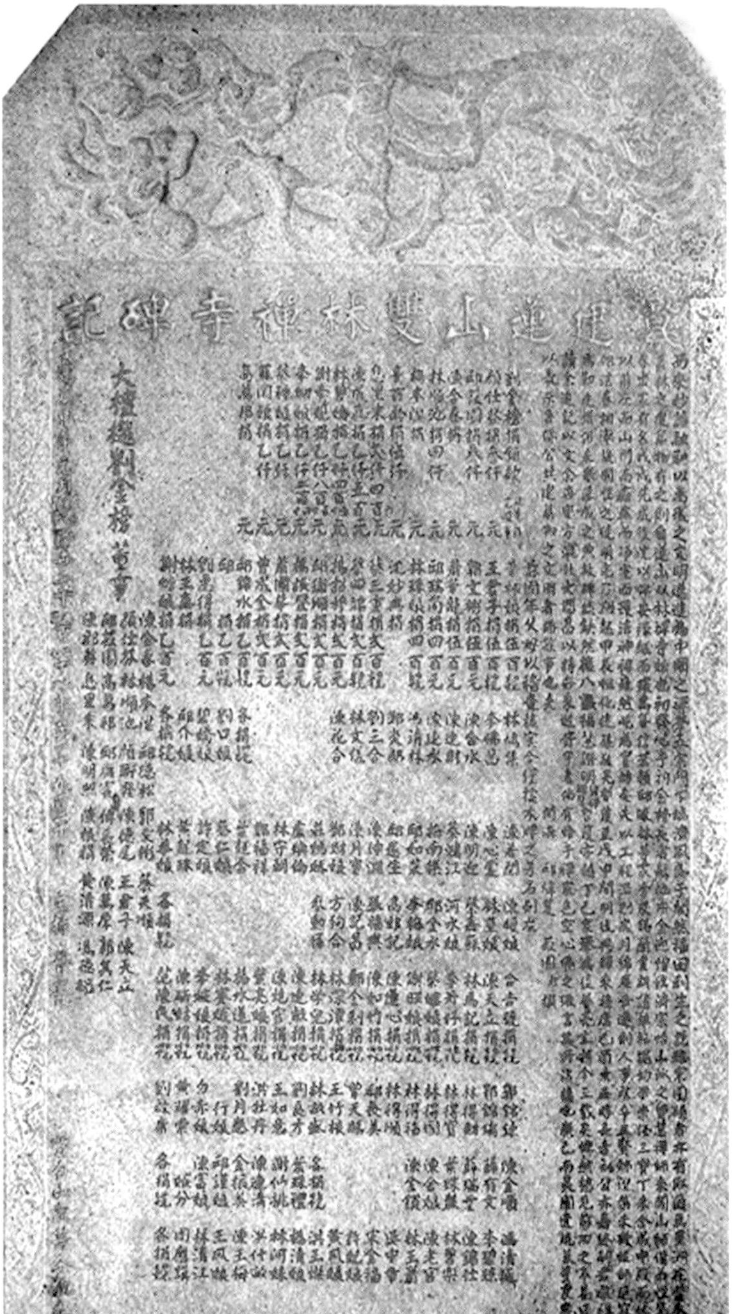

越南胡志明市福海寺建筑公所捐题芳名碑

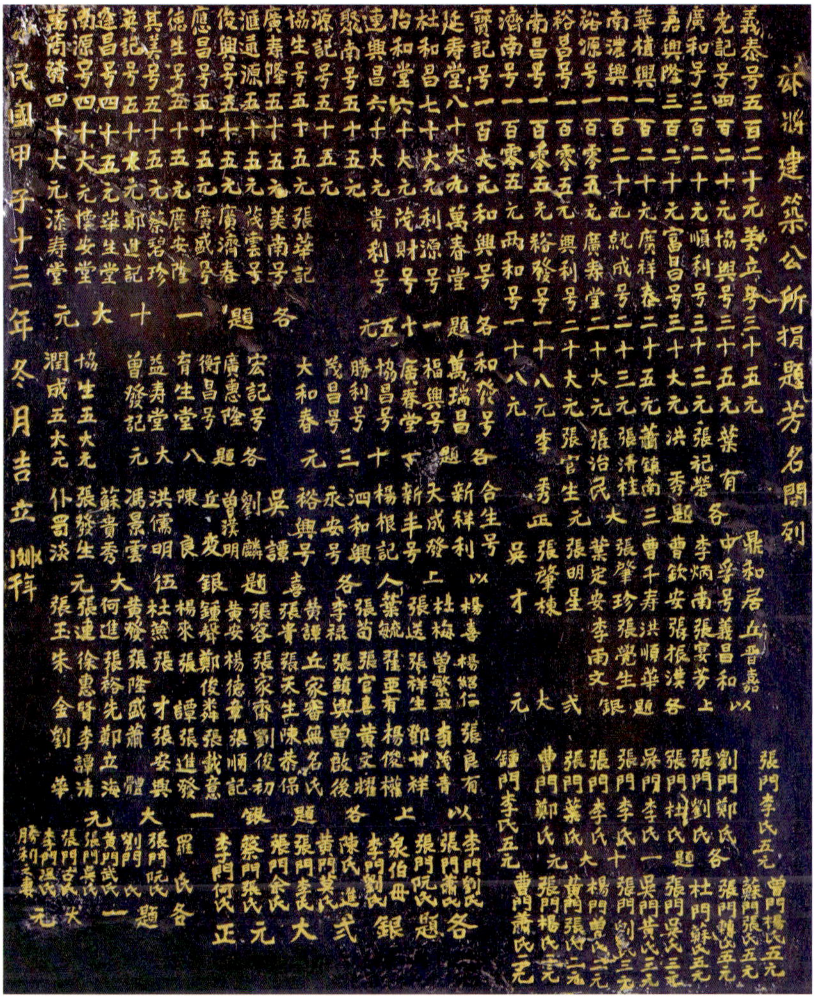

新加坡蓮山雙林禪寺修建牌樓半月池照壁碑

新加坡重修蓮山雙林禪寺二殿碑記

新加坡蓮山雙林寺重修圓成匾

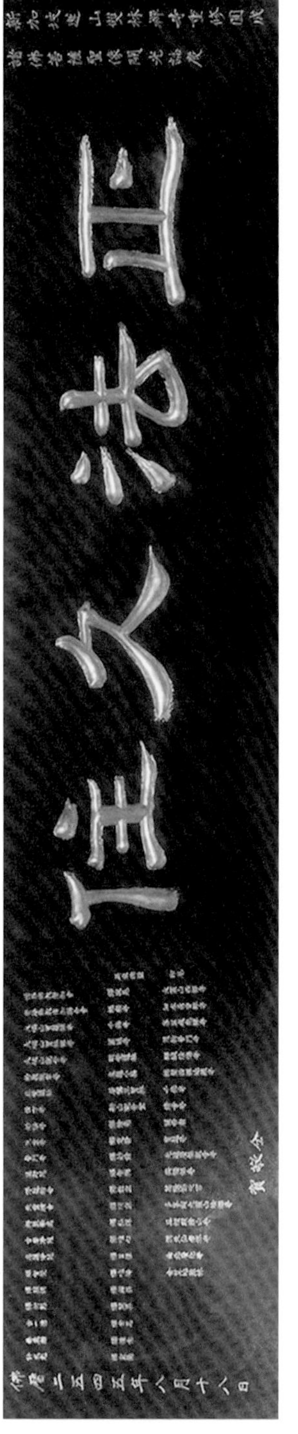

新加坡雙林寺重修落成志慶「華藏莊嚴」匾

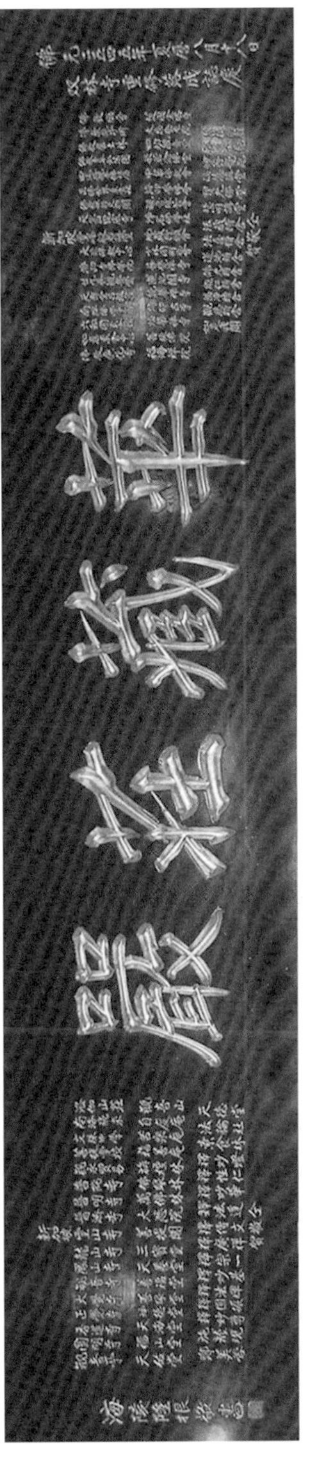

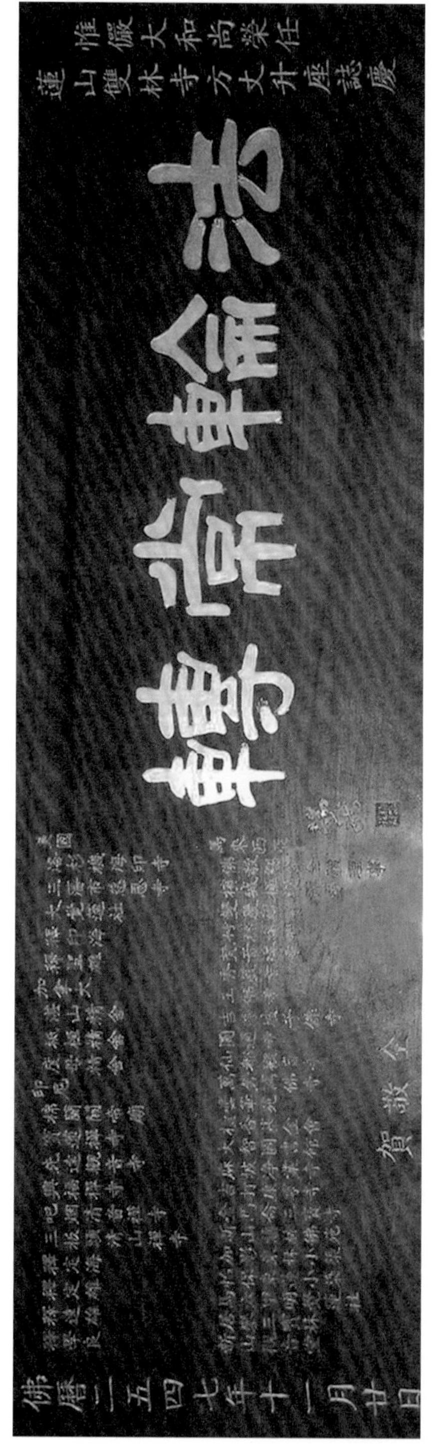

新加坡惟儼大和尚榮任蓮山雙林寺方丈升座志慶「法輪常轉」匾

新加坡惟儼大和尚榮任蓮山雙林寺方丈升座志慶「弘法利生」匾

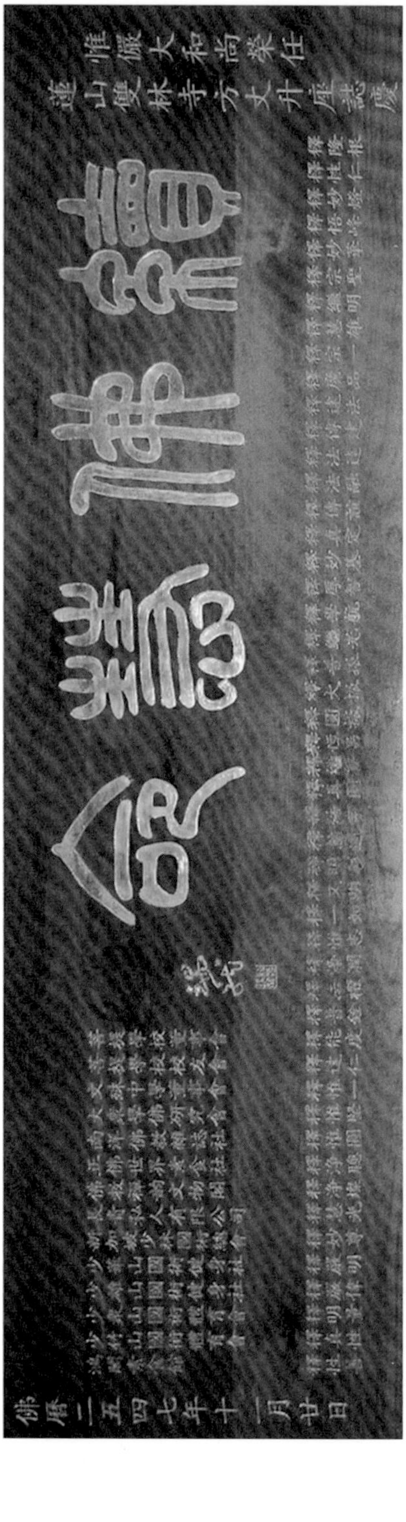

新加坡惟儼大和尚榮任蓮山雙林寺方丈升座志慶「續佛慧命」匾

馬來西亞吉隆槟伽山千佛寺碑記銅牌

新加坡東陵同善堂碑

新加坡東陵同善堂衆善信喜捐緣金碑

新加坡重修同善堂碑記（一九一九年）

馬來西亞馬六甲青雲亭甲必丹李公濟博懋勛頌德碑

馬來西亞馬六甲青雲亭大功德主曾公頌祝碑

馬來西亞馬六甲重興青雲亭碑記

重興青雲亭碑記

馬來西亞馬六甲青雲亭李士堅配享木牌

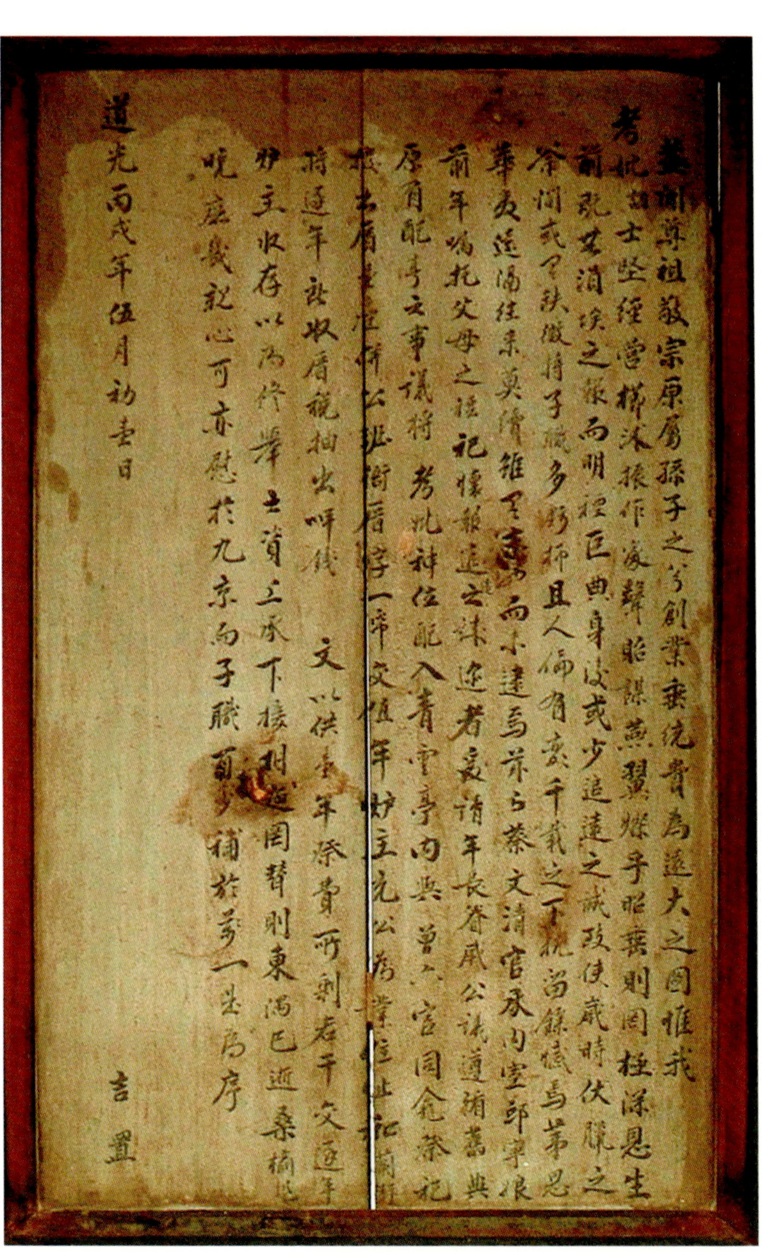

馬來西亞馬六甲青雲亭邱興隆配享木牌

興隆邱公牌記

公邱府之苗裔也諱興隆世居榕城新安少倜儻有遠志貫于呷國遂族焉以爲源遠流長之計詎意偕妻王氏諱三娘奈世不得蘭孫桂子綿綿蔓延森森竹立竟成伯道之痛傳如之何幸有生下三女長曰鳶娘次曰鳳娘三曰養娘即余之妣親也余雖屬外孫事不目擊心悲欲從祖祔食議非其倫欲善視以存告後恐難繼第爲此事寸衷耿耿莫可明言爰請呷中列位諸耆老全同公議配享之事蒙其許諾而外祖妣之神有所憑依[illegible]之[illegible]也今將外祖二位神主配入青雲亭內與曾祖六官同龕郎備出呷錢壹仟文銀滿充公爲業以便上下相承代爲生息聊備四時祭祀之需庶乎籩豆鉶羹世世得充其寔禴祀蒸嘗時時勿替其典因爲之序勒牌以冀崇祀永垂不朽云爾

道光廿三年歲次癸卯端月吉三日 漳郡浦邑東[illegible]

馬來西亞馬六甲敬修青雲亭序碑

馬來西亞馬六甲青雲亭奉祀鄭芳揚禄位碑

馬來西亞馬六甲青雲亭奉祀李爲經禄位碑

馬來西亞馬六甲青雲亭梁美吉功德碑

馬來西亞馬六甲青雲亭許永占酬神碑（一）

馬來西亞馬六甲青雲亭許永占酬神碑（二）

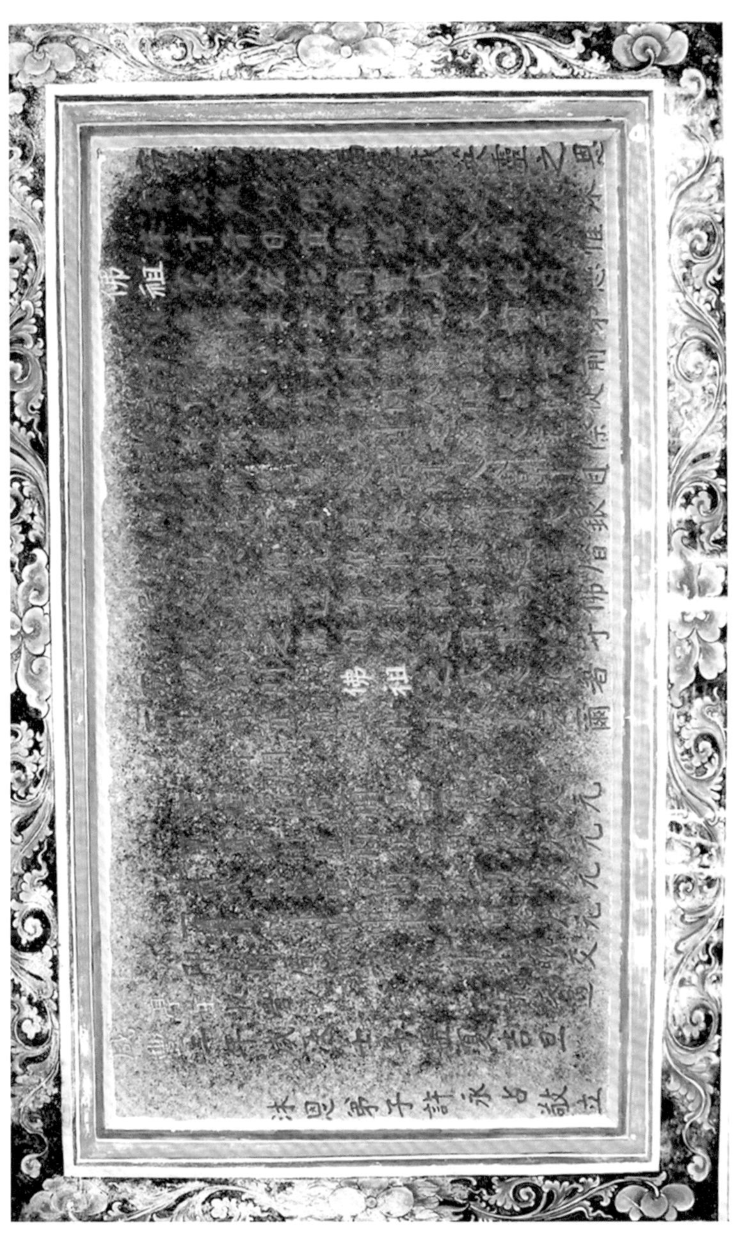

馬來西亞馬六甲重修青雲亭碑記

馬來西亞馬六甲重修青雲亭續上碑記

馬來西亞馬六甲重修青雲亭碑記

馬來西亞馬六甲青雲亭亭主陳公憲章德政碑

馬來西亞馬六甲青雲亭紹蘭會大伯公碑記

馬來西亞馬六甲青雲亭陳温源獻金酬神碑

馬來西亞馬六甲青雲亭梁薛陳陳四亭主及陳副亭主功德碑

印度尼西亞西爪哇井里汶潮覺寺重修汶亭碑記（一）

重修汶亭碑記

印度尼西亞西爪哇井里汶重建潮覺寺牌（一）

印度尼西亞西爪哇井里汶重建潮覺寺牌（二）

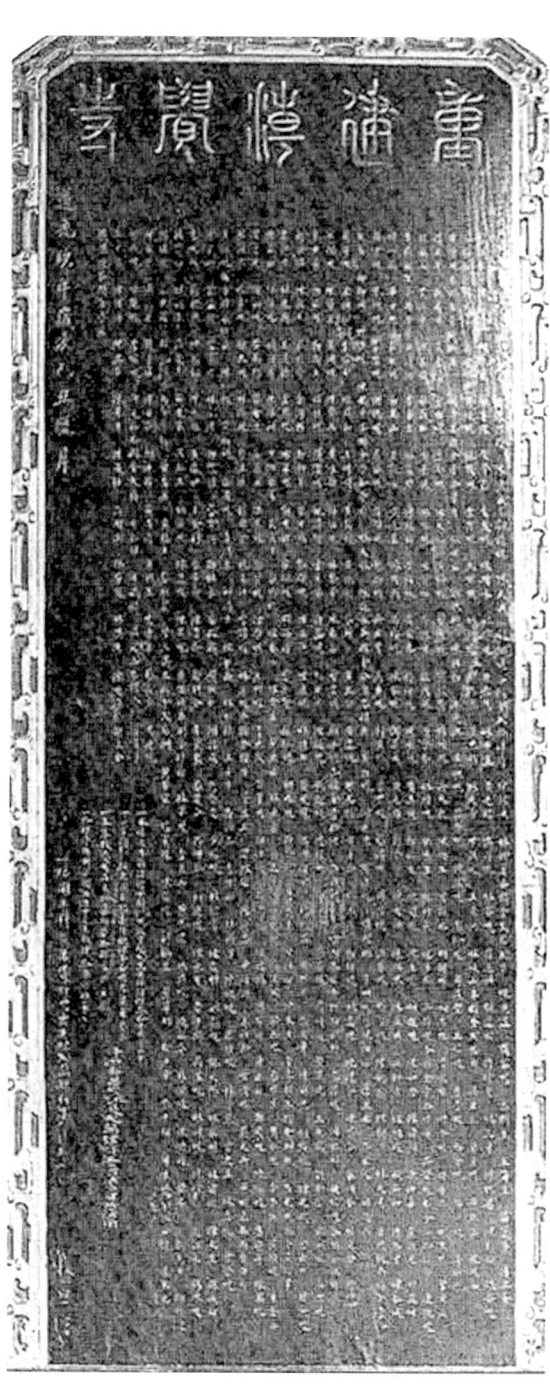

印度尼西亞西爪哇井里汶重建潮覺寺碑記

印度尼西亞西爪哇井里汶潮覺寺重修碑記

馬來西亞檳城創建廣福宮捐金碑記

馬來西亞檳城重建廣福宮碑記（前碑）

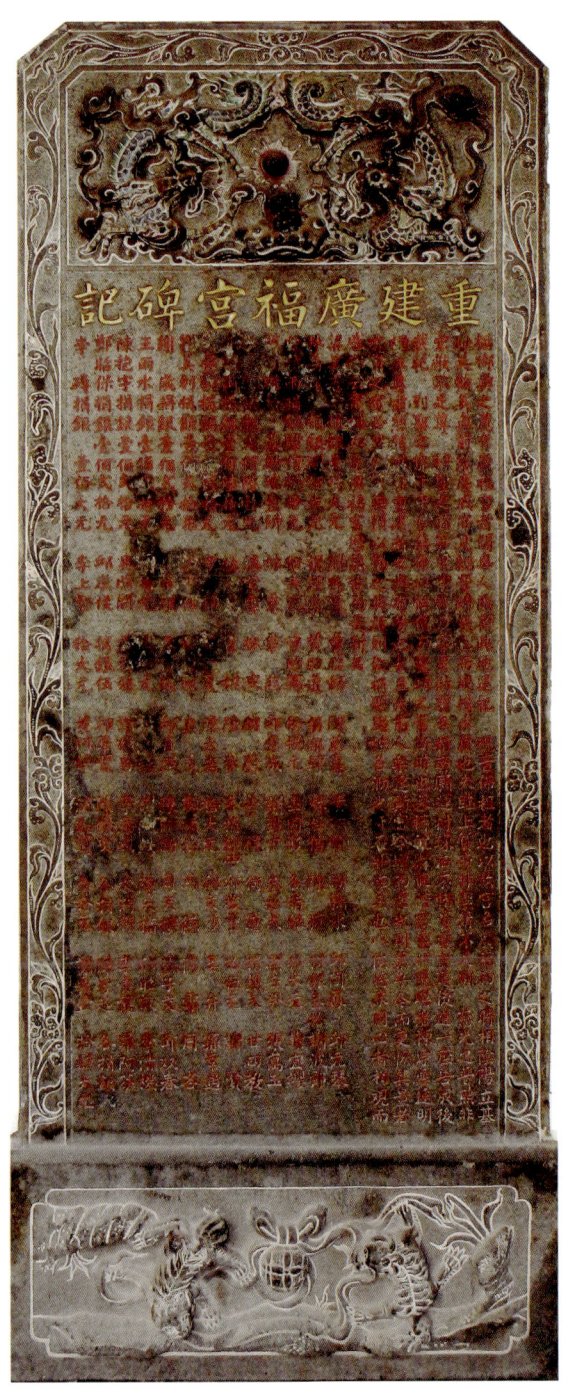

馬來西亞檳城重建廣福宫碑記（後碑）

馬來西亞檳城重修廣福宮碑記（前碑）

馬來西亞檳城重修廣福宮碑記（後碑）

印度尼西亞雅加達倡修金德院、明誠書院前道路碑記及樂捐名銘

印度尼西亞三寶壟重修大覺寺并建功德祠碑

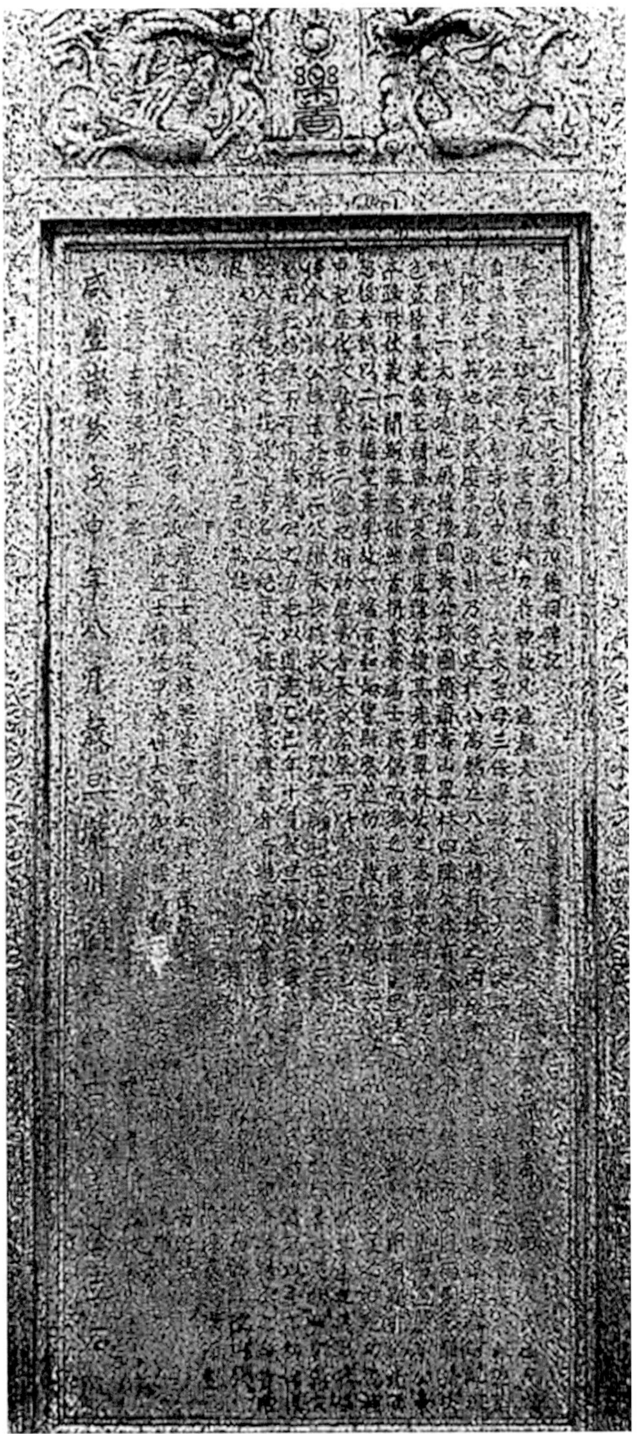

印度尼西亞三寶壟大覺寺重修樂捐碑

印度尼西亞三寶壟大覺寺辛亥年重修捐緣碑

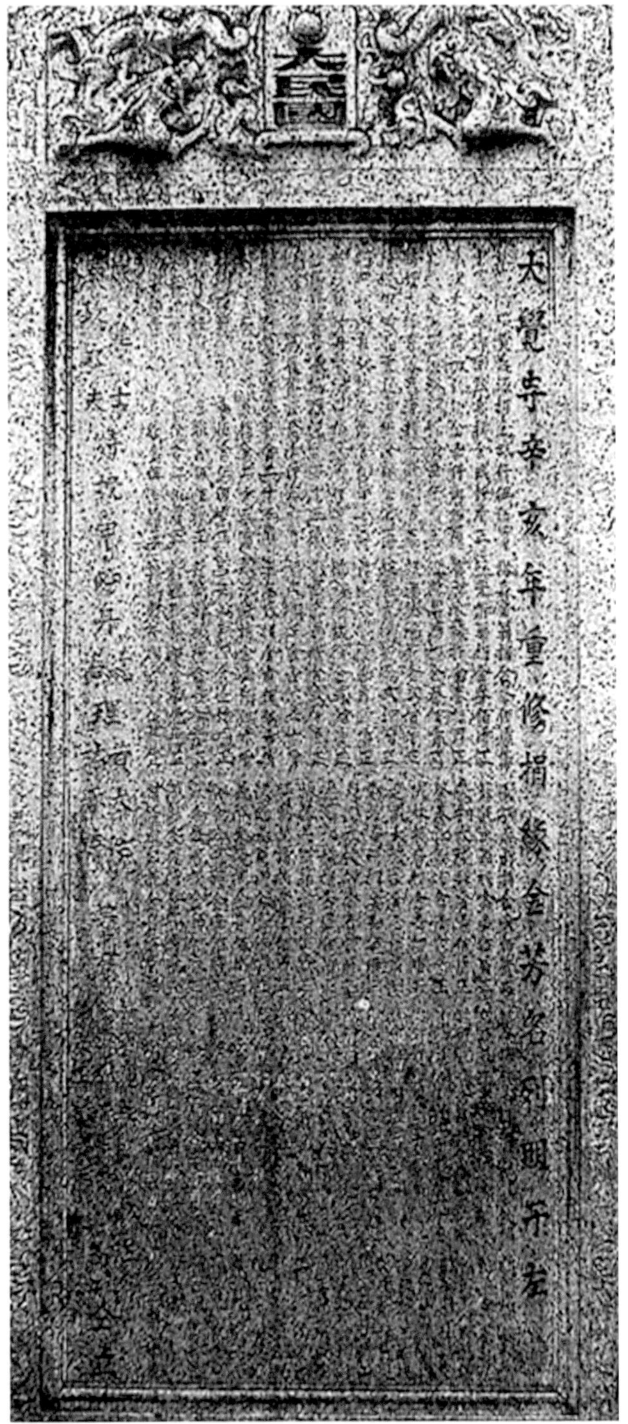

印度尼西亞西爪哇文登文德廟碑記

文德廟碑記

嘗思莫為之前雖美弗彰莫為之後雖盛弗傳所以有創制以顯厥光貴有繼志以述

事也溯我文登延有 文德廟者鴻圖久遠駿業恢宏 乃聖乃神為一方之保障

太慈太悲寬容之懷有赫 神靈德澤普于海外無邊佛法慈惠被于幽冥自丙

辰秋醵金建廟功德圓滿尚存銀捌百有奇爾時 黃榮壽甲太收貯放息迨戊辰歲

復捐貲建廟又存銀壹百有奇由是子母相權歷有年所至癸酉之夏 黃榮壽甲太

收貯[illegible]母息銀俱到 神前當眾完楚合共銀既貳仟有奇矣於是僉議 文德廟

左側之店向 黃成造官買來四間永為 廟中公業其店係第貳拾號貳捌號貳玖

號叁拾號叁拾壹號價銀壹仟貳百有[illegible]問做字第玖號累年出息為 廟中祀典美舉

既成仍長公銀壹仟貳百叁拾叁有捌角陸只卽復公請 黃肇甲筋經理數人存留

生息將見番衍利息得彌並報答于 神功者豈淺鮮哉善哉有此一舉則 神賴

人而安于[illegible]而[illegible]四境共樂昇平然後知有創制以顯厥光貴有

[illegible]之述其始終銘諸碑碣以垂于奕世云爾

大清同治十二年癸酉歲孟夏月穀旦公啟

印度尼西亞西爪哇文登文德廟樂捐碑

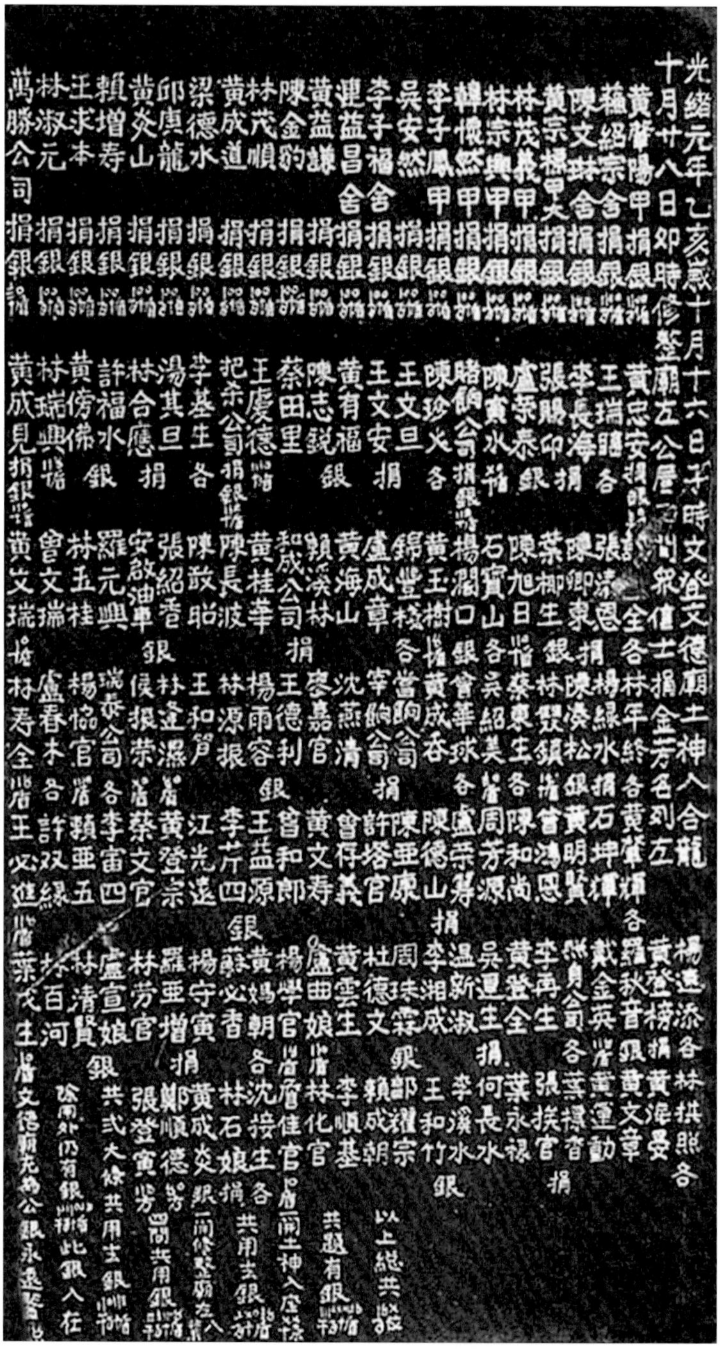

印度尼西亞西爪哇文登文德廟觀音佛祖第九次出游大會樂捐碑

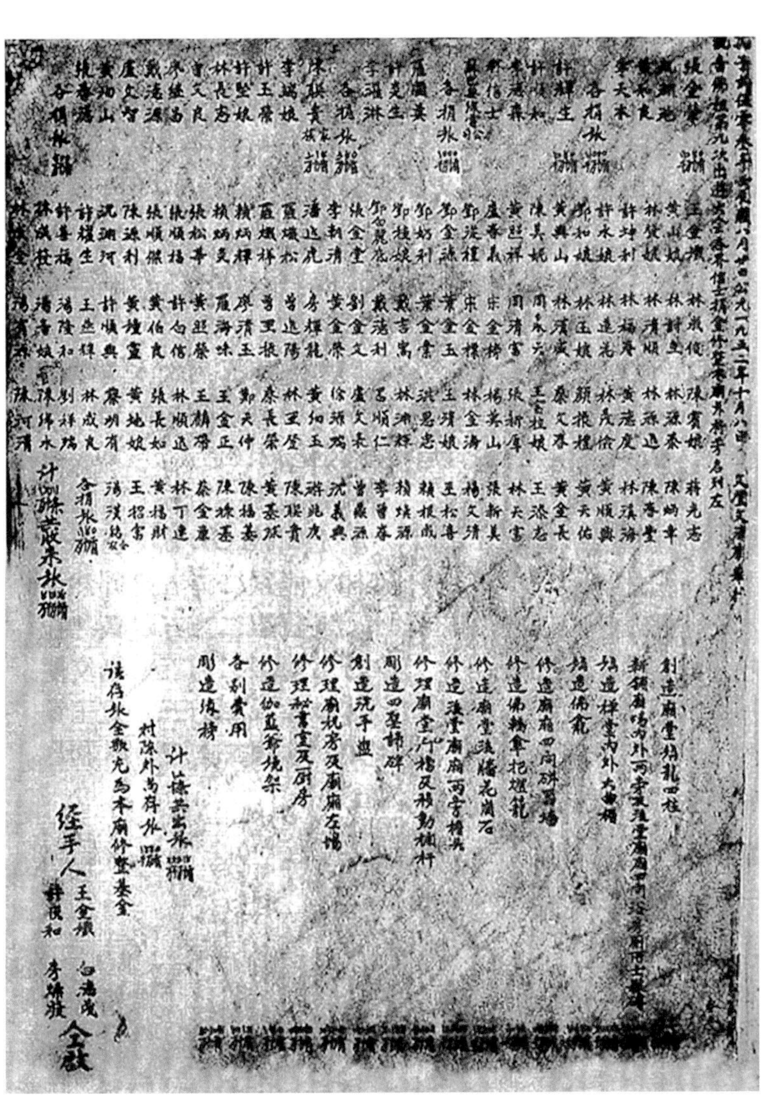

印度尼西亞民禮鎮元宫碑記

印度尼西亞民禮公建鎮元宮觀音閣緣碑

馬來西亞霹靂州安順重建福順宮埕碑

重建福順宮埕

[illegible]

一对收厝稅討来銀弍佰四拾陸大員
計弍条收来銀壹仟玖佰七拾四員
計叁条開出銀弍仟[illegible]拾玖大員
对除以外尚不敷銀玖拾伍大員

光緒乙未年仲秋之月

一總合共壹佰[illegible]四名計捐銀[illegible]仟柒佰弍拾八大員
一開戊子年[illegible]石碑壹座共計費銀叁佰伍拾弍大員
一開[illegible]年[illegible]建[illegible]計費銀壹仟伍佰玖拾叁員
一開乙未年建石碑壹座計費銀壹佰弍拾四大員

董事 林金生 邱怡全 卓澤川
邱長成 高標儀 邱長山等仝立

新加坡勸捐碧山亭小引及捐款芳名碑（上片）

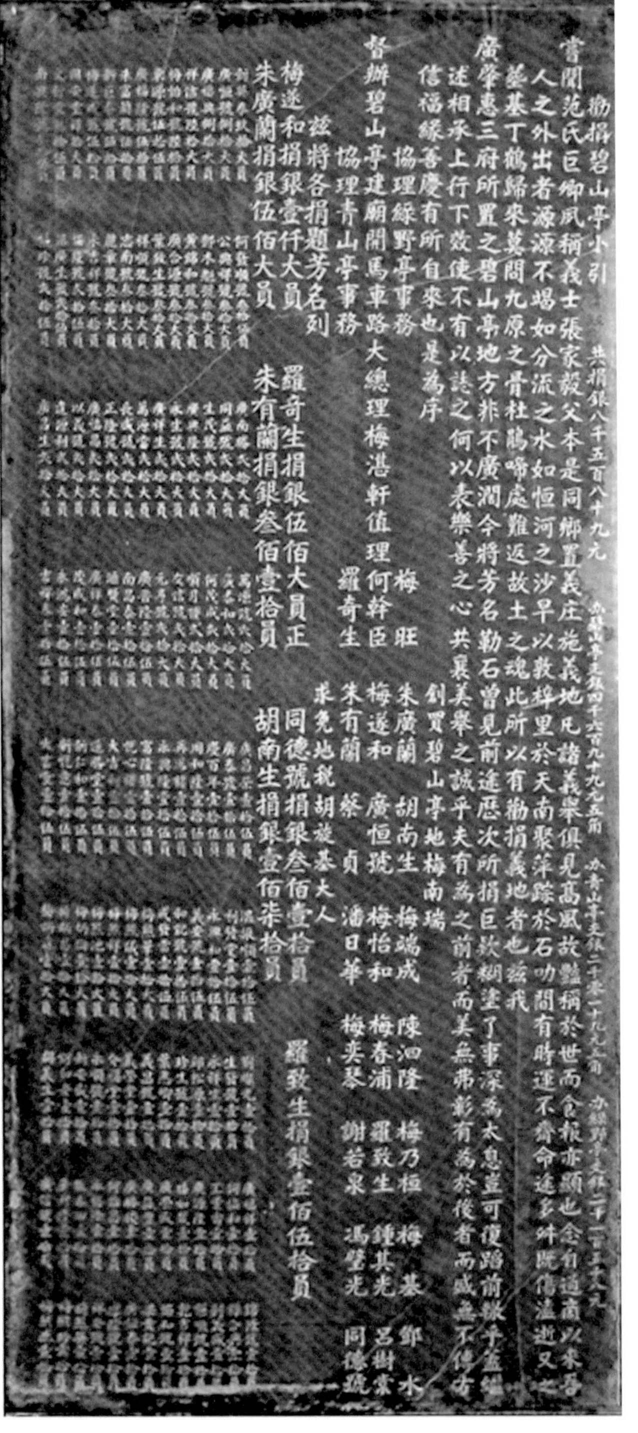

新加坡碧山亭萬人緣紀念碑

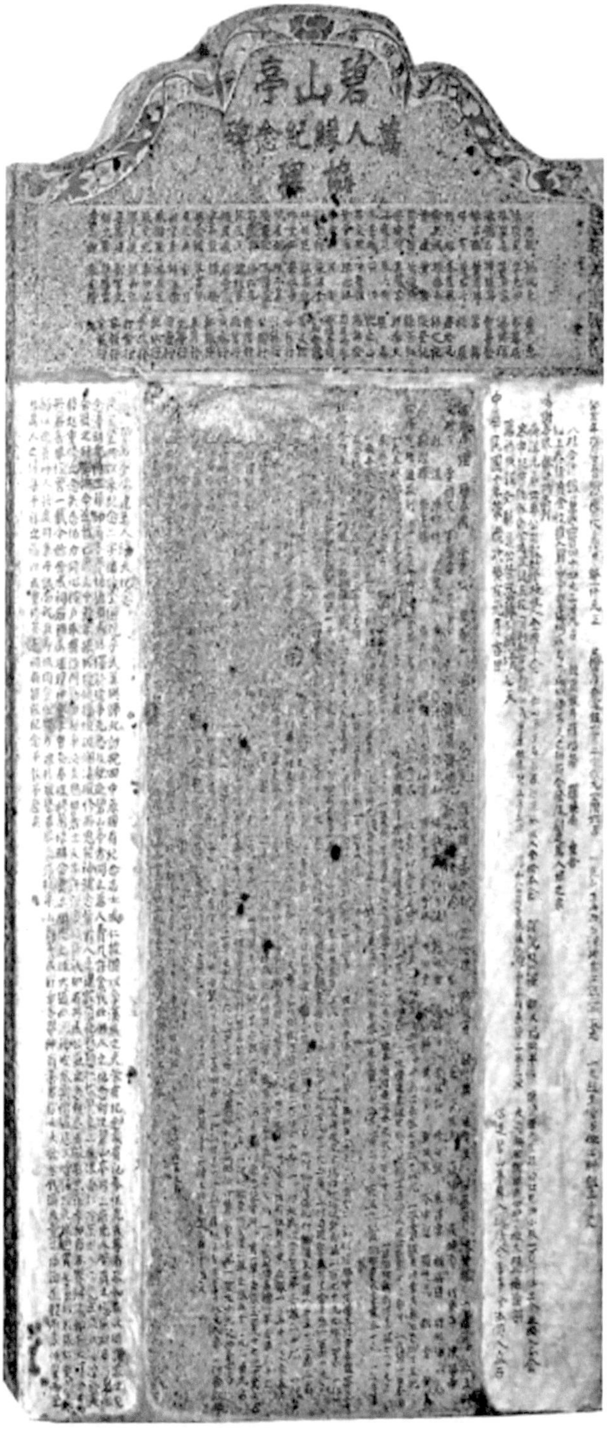

新加坡廣惠肇碧山亭稗販亭記

廣惠肇碧山亭稗販亭記

捐款芳名

中華民國三十二年歲次癸未九月 穀旦立

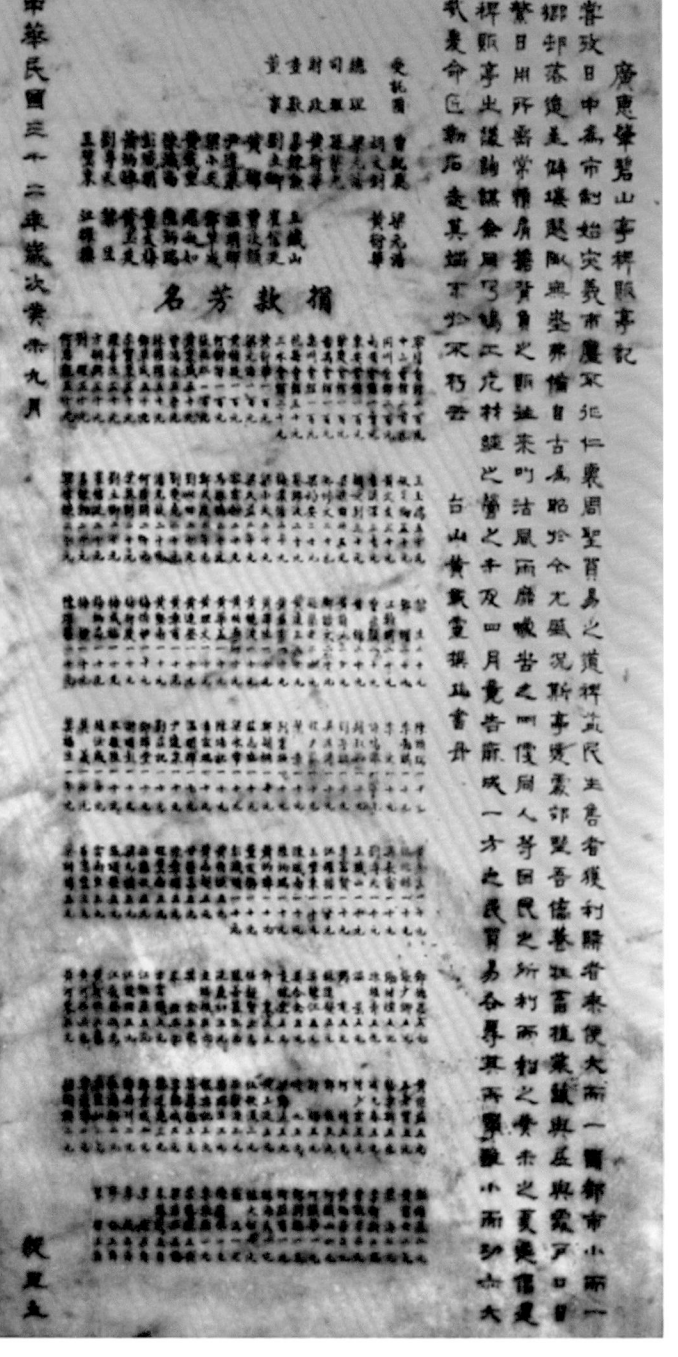

新加坡廣惠肇碧山亭福德祠重修開光志慶匾

新加坡廣惠肇碧山亭新建福德祠落成開光志慶匾

馬來西亞霹靂州太平大善佛堂讓渡地權碑

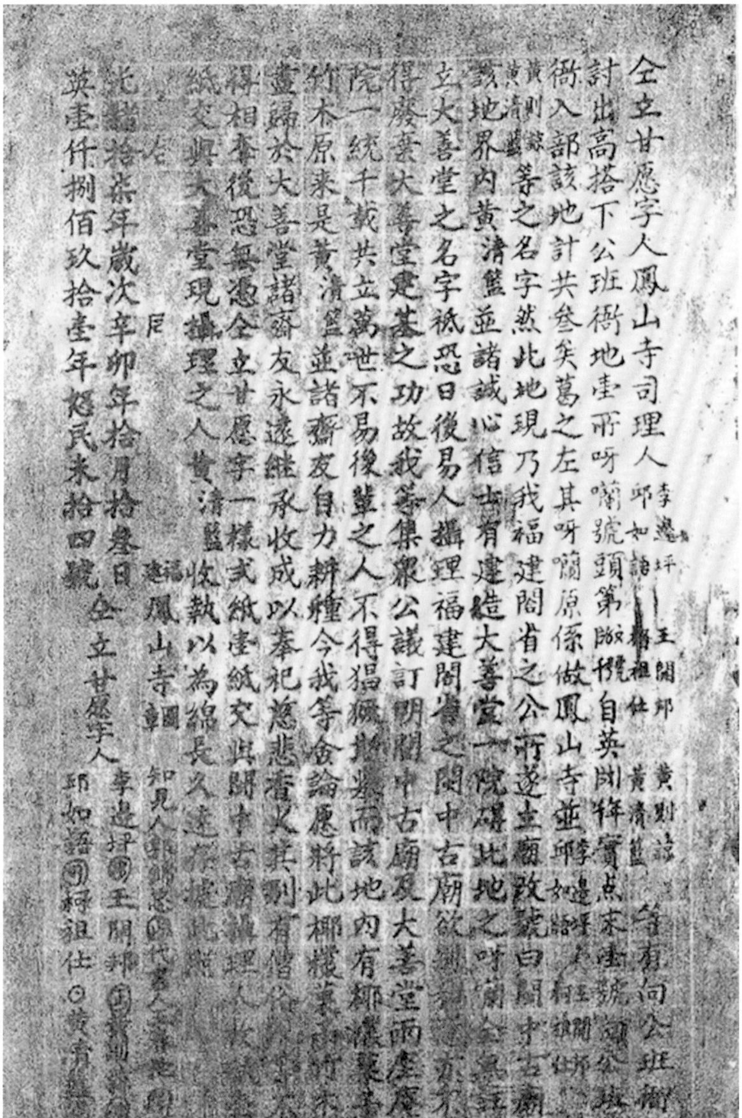

仝立甘愿字人鳳山寺司理人邱如諳 李邊坪 王開邦 黃則諒 黃清鹽 等有向公班衙
討出高搭下公班衙地壹所呀嘛號頭第[illegible]號自英[illegible]年[illegible]壹號頭公班
衙入部該地計共叁矢葛之左其呀嘛原係做鳳山寺並邱如諳 李邊坪 王開邦 柯祖仕
黃則諒 黃清鹽 等之名字然此地現乃我福建閣省之公所遂立廟致號曰閣中古廟
該地界內黃清鹽並諸誠心信士有建造大善堂一院礙此地之呀嘛[illegible]
立大善堂之名字祇恐日後易人攝理福建閣省之閣中古廟欲[illegible]
得廢棄大善堂建基之功故我等集衆公議訂明閣中古廟及大善堂兩座[illegible]
院一統千載共立萬世不易後輩之人不得猖獗擾亂而該地內有椰欉菓子[illegible]
竹木原来是黃清鹽並諸齋友自力耕種今我等僉論愿將此椰欉菓子竹木
盡歸於大善堂諸齋友永遠繼承收成以奉祀慈悲香火其[illegible]有僧俗[illegible]不
得相奪後恐無憑仝立甘愿字一樣式紙壹紙交與閣中古廟攝理人收執壹
紙交與大善堂現攝理之人黃清鹽收執以為綿長久遠存據此照
福建鳳山寺(印) 知見人[illegible] 代書人[illegible]
仝 居
光緒拾柒年歲次辛卯年拾月拾叁日 仝立甘愿字人 李邊坪(印) 王開邦(印) 黃則諒[illegible]
英壹仟捌佰玖拾壹年[illegible]末拾四號 邱如諳(印) 柯祖仕 黃清鹽[illegible]

馬來西亞霹靂州太平大善佛堂勒石碑記

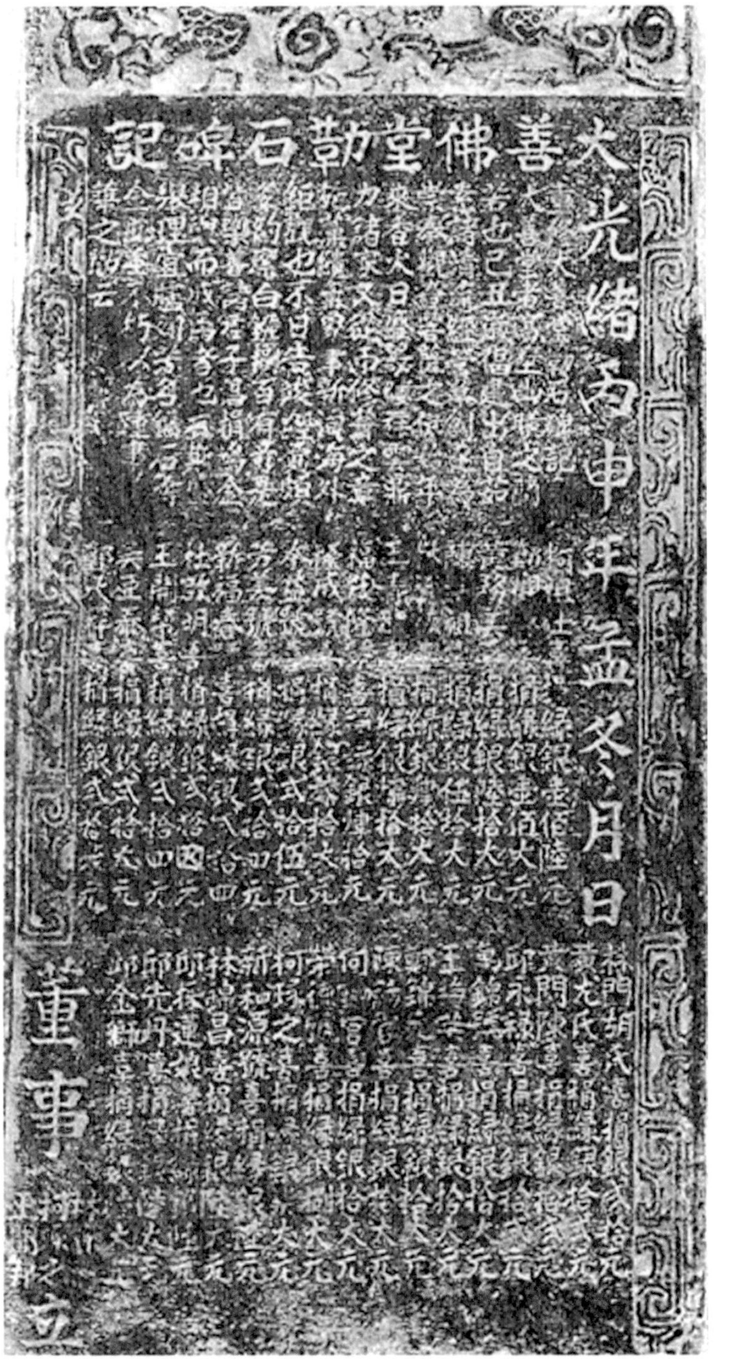

印度尼西亞井里汶重修汶山堂記牌

印度尼西亞棉蘭壽山宮觀音佛祖碑（一）

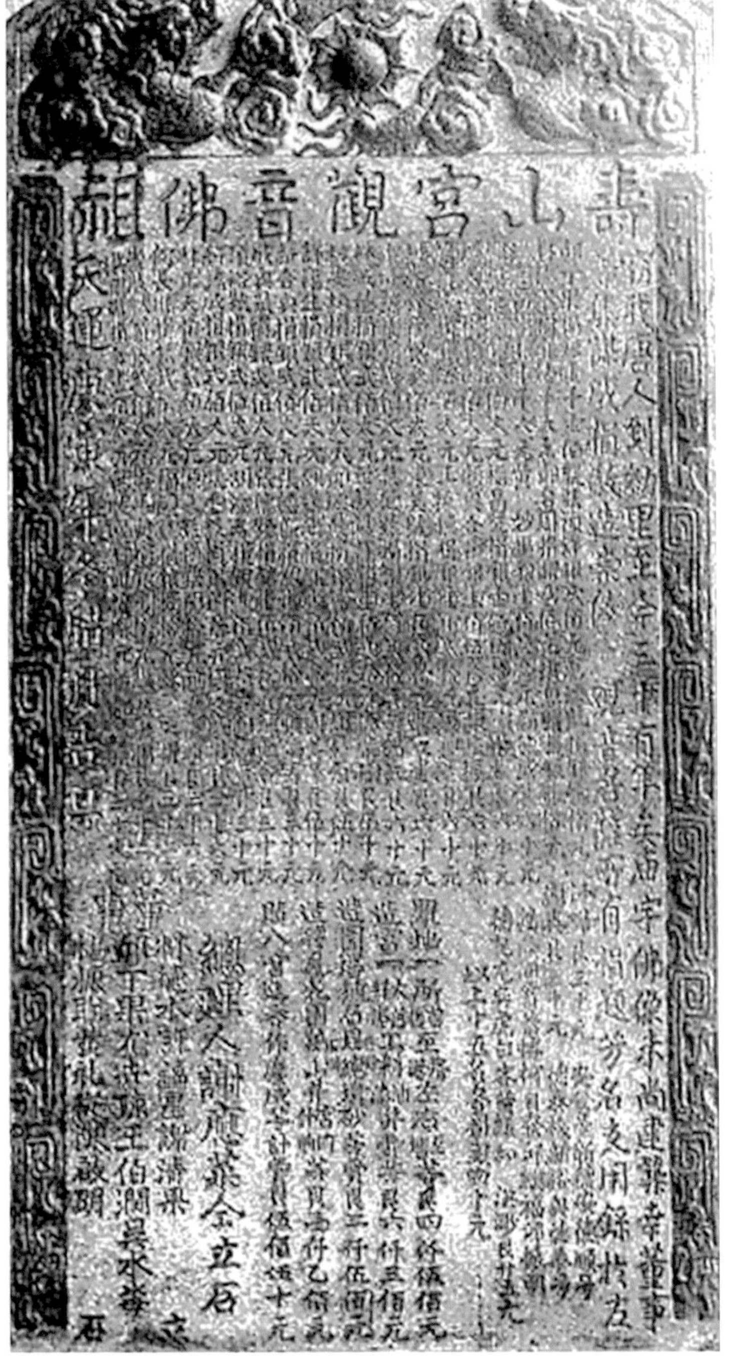

壽山宮觀音佛祖

印度尼西亞棉蘭壽山宮觀音佛祖碑（二）

新加坡善德堂牌記

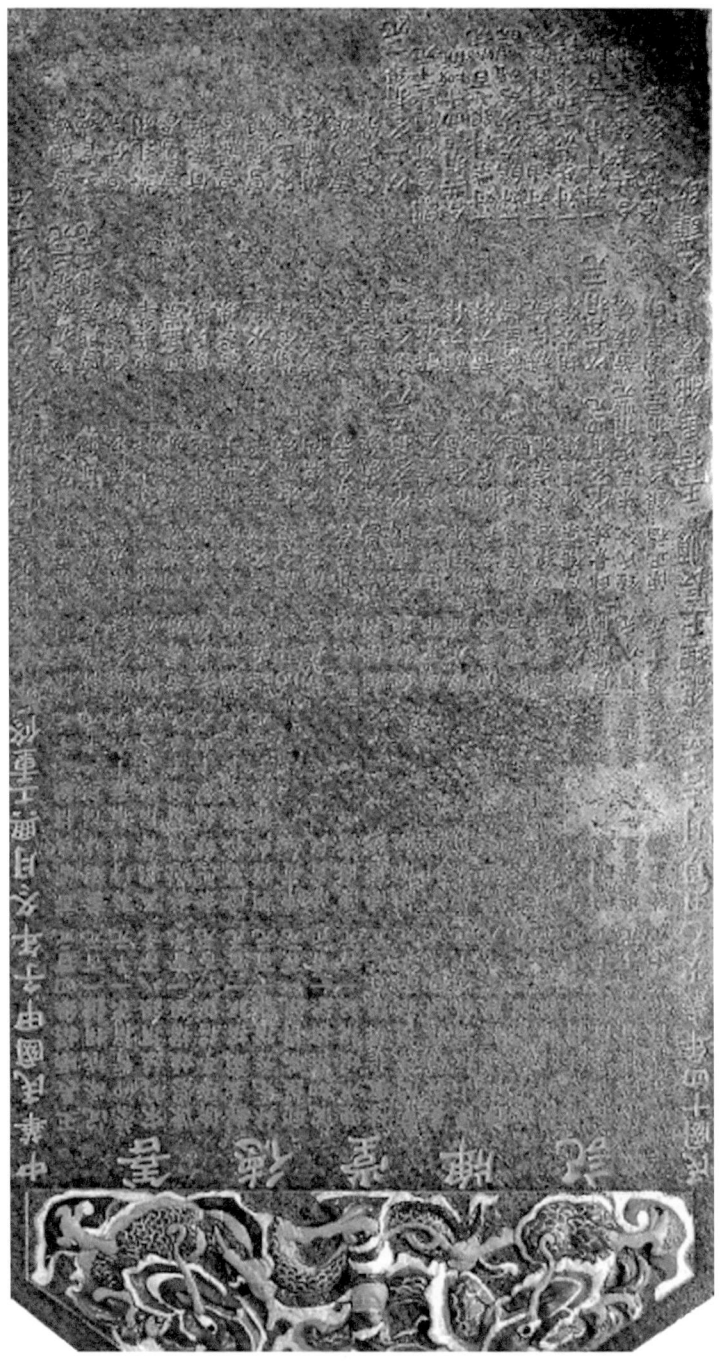

馬來西亞霹靂州太平和善堂新建佛堂捐緣碑

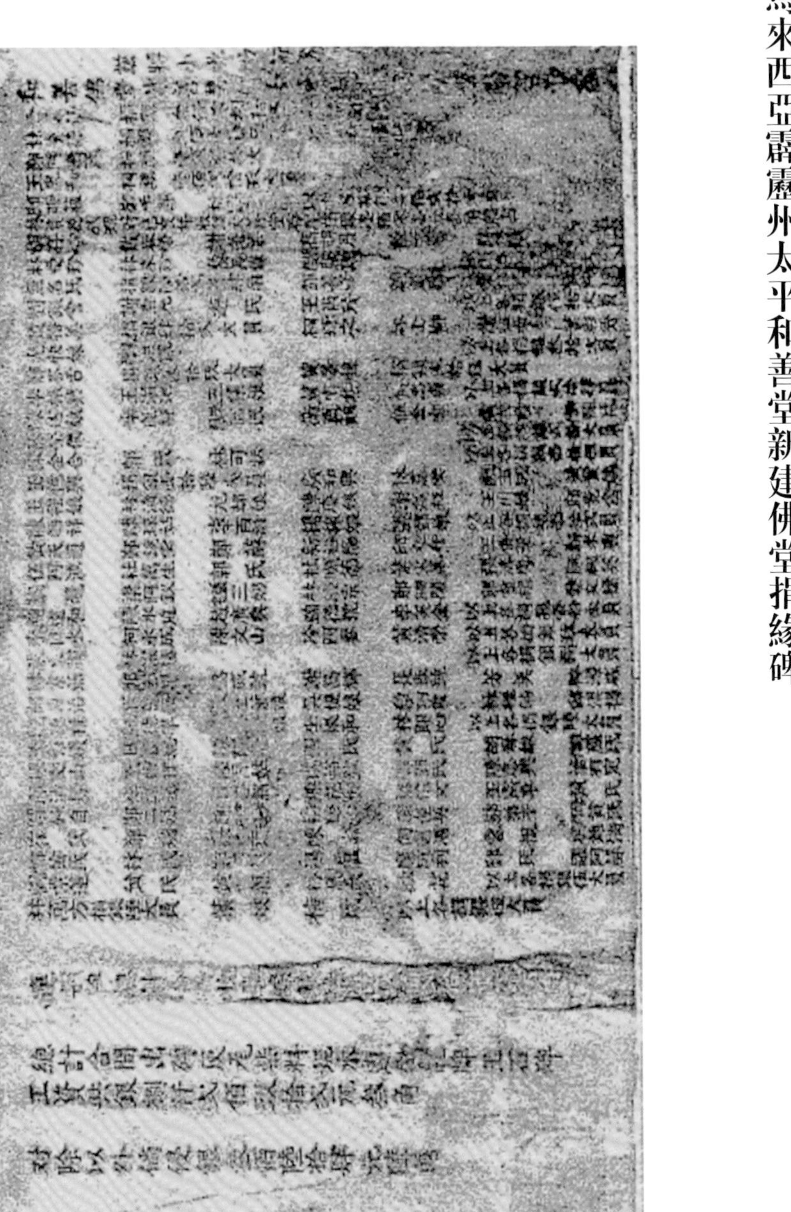

馬來西亞吉隆坡威鎮宫（觀音亭）達真和尚創建後殿碑記

印度尼西亞雅加達地藏院倡建牛郎沙里義冢壁記

馬來西亞檳城重建城隍廟碑記（後碑）

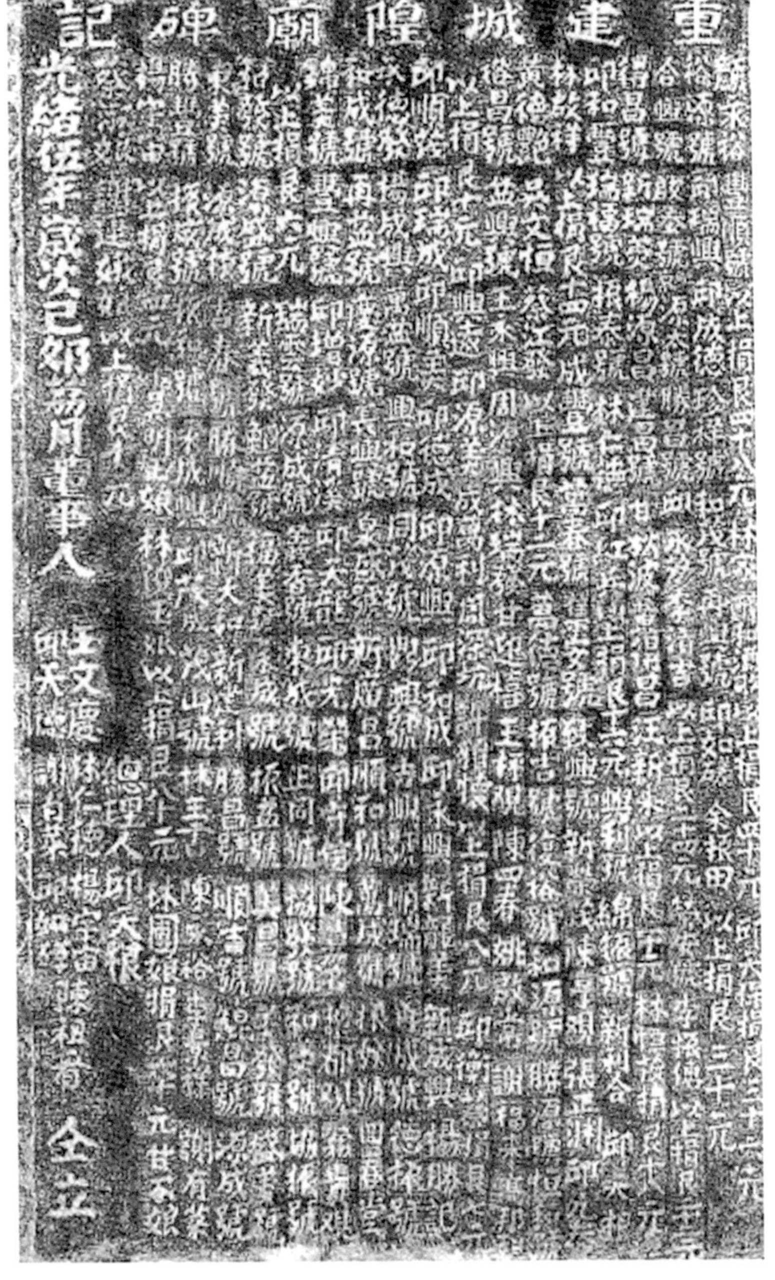
重建城隍廟碑記

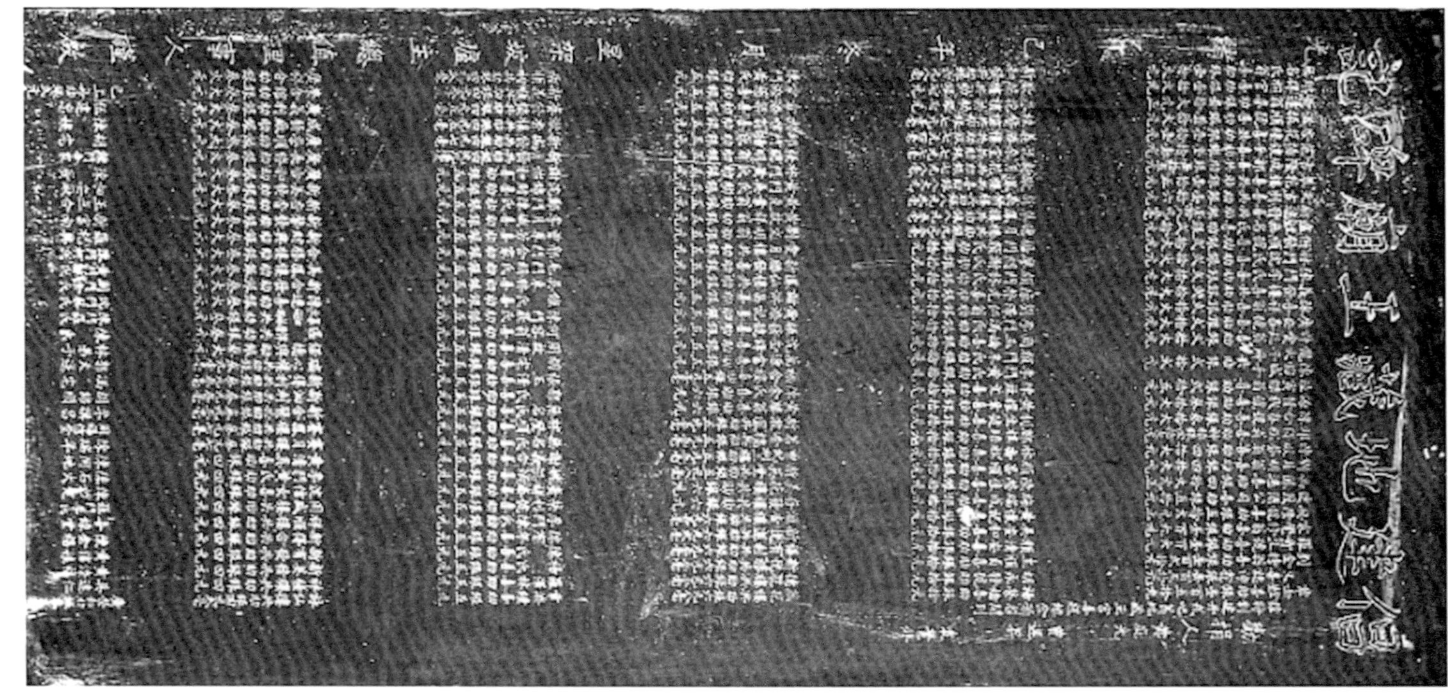

新加坡倡建地藏王廟碑記（上片）

新加坡倡建地藏王廟碑記（下片）

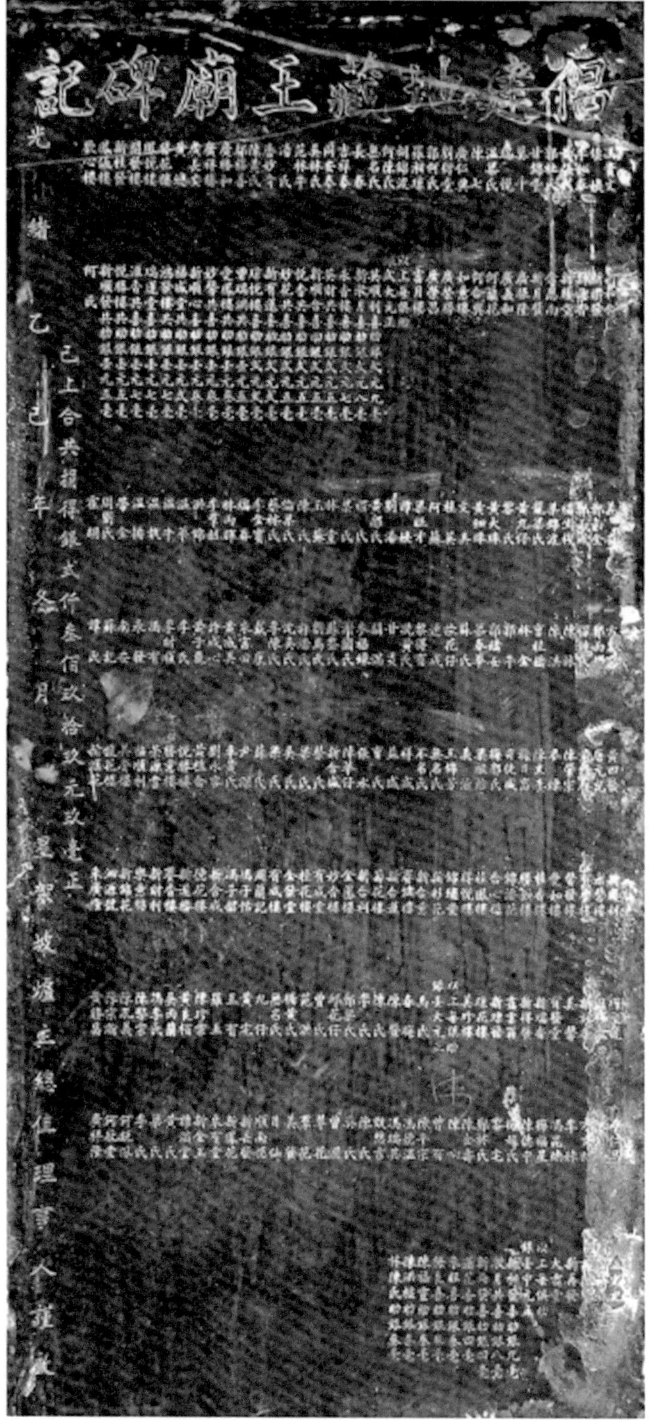

民间信仰

新加坡菲力街粤海清廟天后聖母楹聯

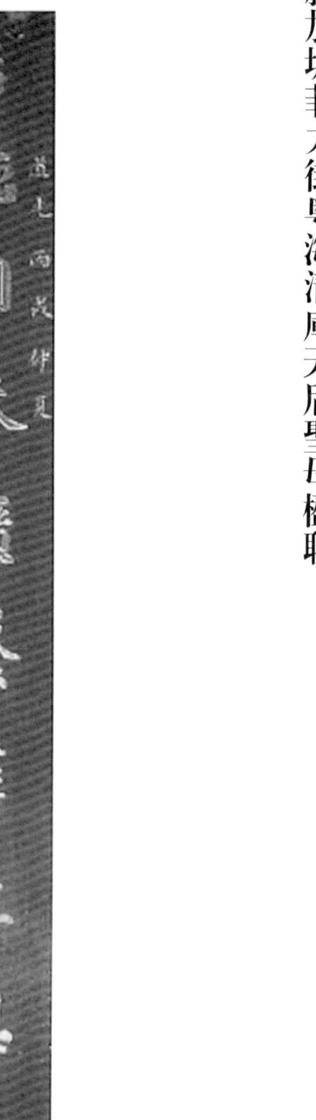

印度尼西亞中爪哇勝森慈安宫重修樂捐碑（一）

印度尼西亞中爪哇南旺興建慈惠宮碑記

興建慈惠宮碑記

玫湖

聖母芳踪有宋建隆元年誕於莆之湄島生而靈異穎慧長而神化白日飛昇其救

世利人扶危濟險功同造化宋之崇封者一十有四元之晋封者有五明之加

封凡四

皇清之加封贈匾編入祀典統計有十自宋迄今八百餘載歷代褒封崇爵游錫隆

典代彌遠而功彌著世愈久而德愈彰是功德不在一方而在天下不在一時

而在萬世我南旺諸唐人廣沐鴻庥欲與神靈之永蔭爰興宮殿俾沾慈惠以

無窮募金建築事已落成馨香俎豆宗奉千秋特序神靈之赫濯長垂奕禩于

不朽云

信士黄閏三

董事甲必丹族姪孫國泰等勒

道光二十一年辛丑葭月穀旦

信士郭德宗

印度尼西亞中爪哇南旺慈惠宮南旺諸唐人捐題碑

新加坡直落亞逸街建立天福宮碑記（上片）

新加坡直落亞逸街建立天福宮碑記（下片）

新加坡直落亞逸街天福宮重修碑記

新加坡天福宫「波靖南溟」御匾

印度尼西亞雅加達修天后宮樂捐碑

印度尼西亞雅加達修建天后宫樂捐碑（光緒）

馬來西亞哥打答汝聖春宮重修捐緣碑

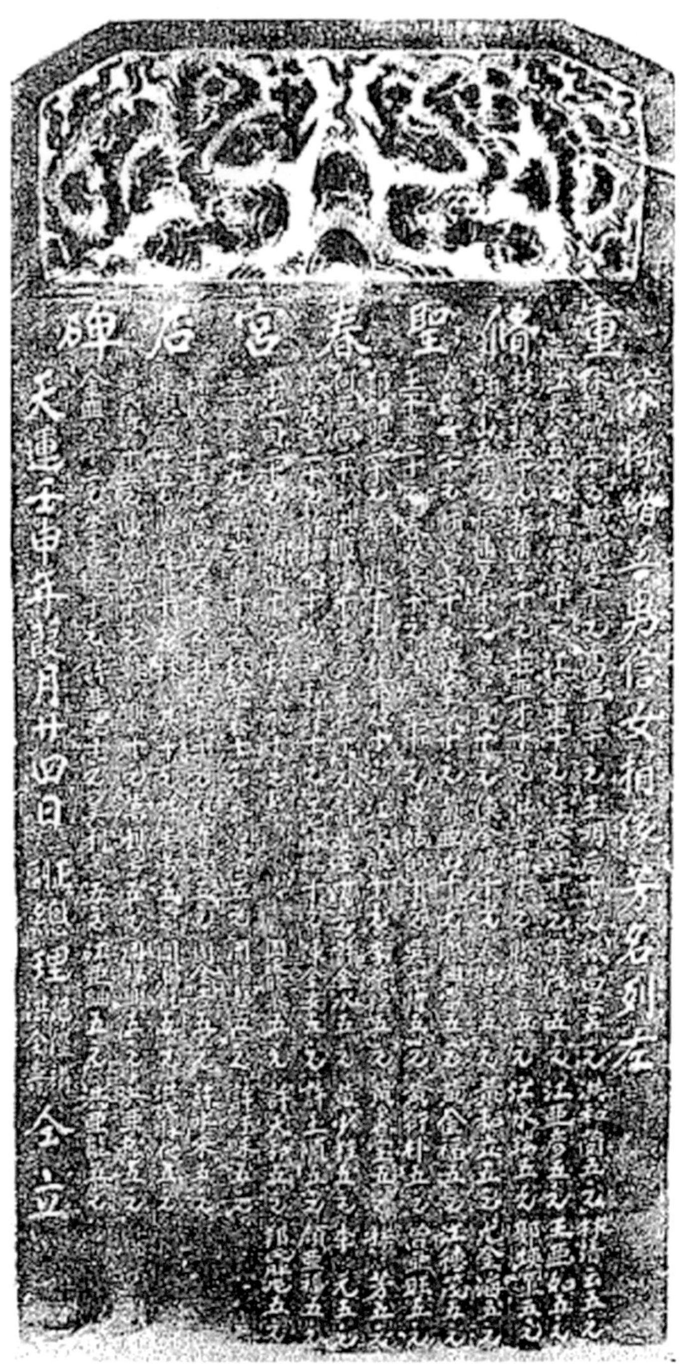

新加坡瓊州會館「永遠流芳」碑

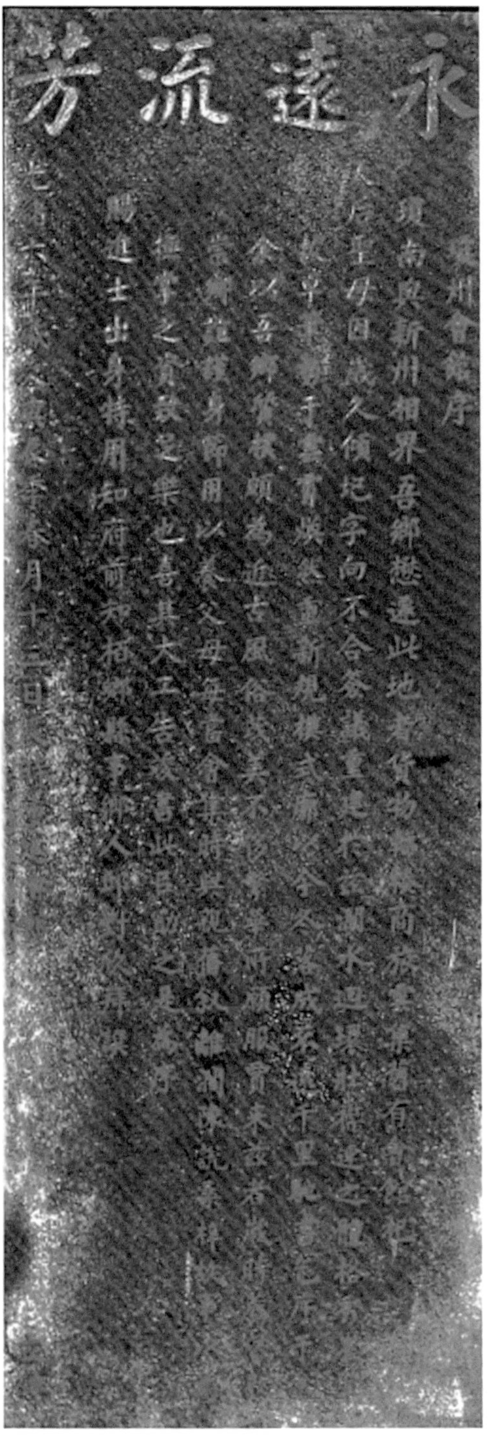

新加坡瓊州會館大廈落成開幕志慶「巍峨壯觀」匾

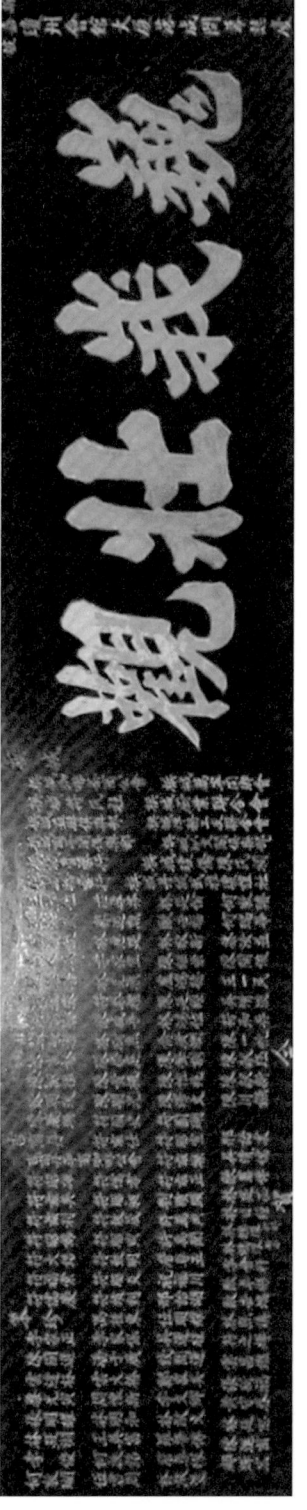

印度尼西亞東爪哇茉莉芬惠榮宮序兼樂捐碑

馬來西亞瓜拉雪蘭莪天福宮碑記

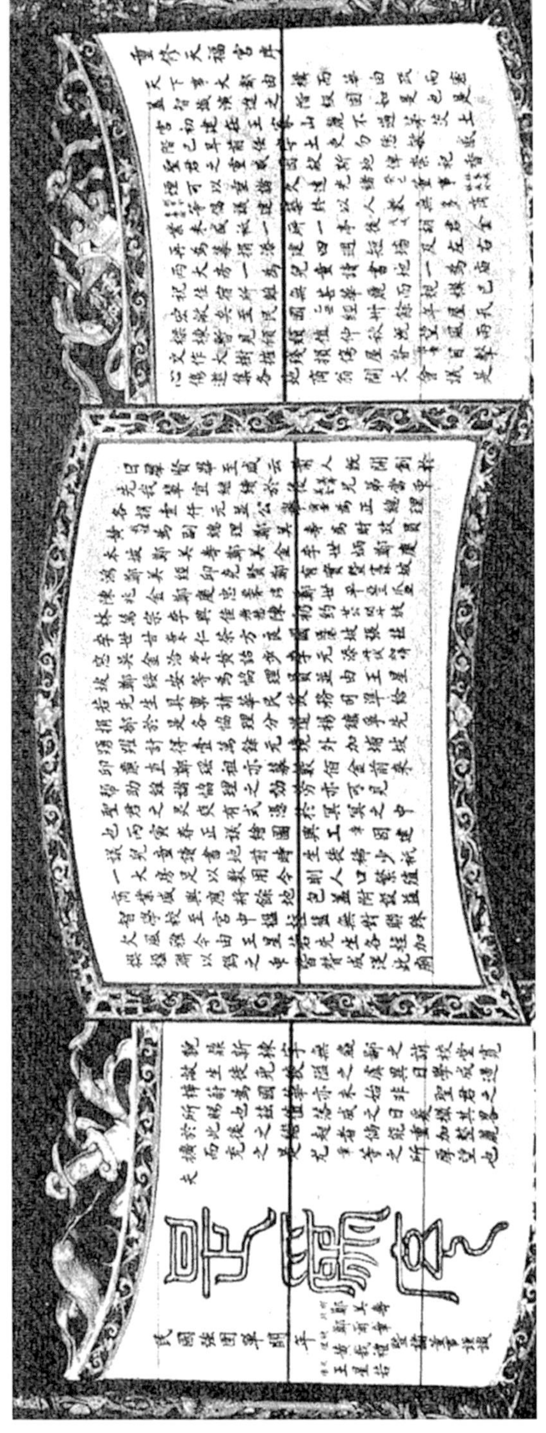

馬來西亞瓜拉雪蘭莪重修天福宮序木匾

馬來西亞雪蘭莪港口天福宮公訂章程木牌

馬來西亞丁加奴天后宫「萬世流芳」碑

萬世流芳

印度尼西亞蘇島棉蘭天后宮重建碑記

馬來西亞哥打答汝重修鎮興宮捐款碑

越南胡志明市瓊府會館第四次重修紀念碑

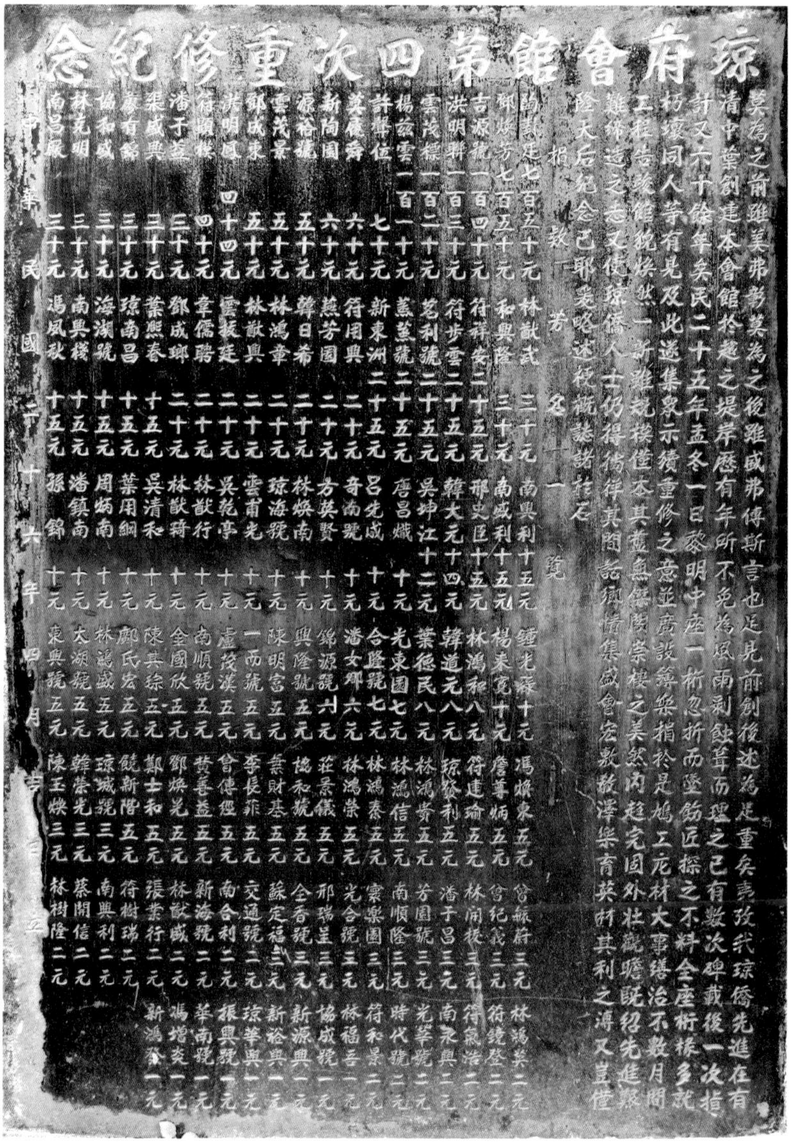

瓊府會館第四次重修紀念

緬甸仰光慶福宮百周年慶典碑文

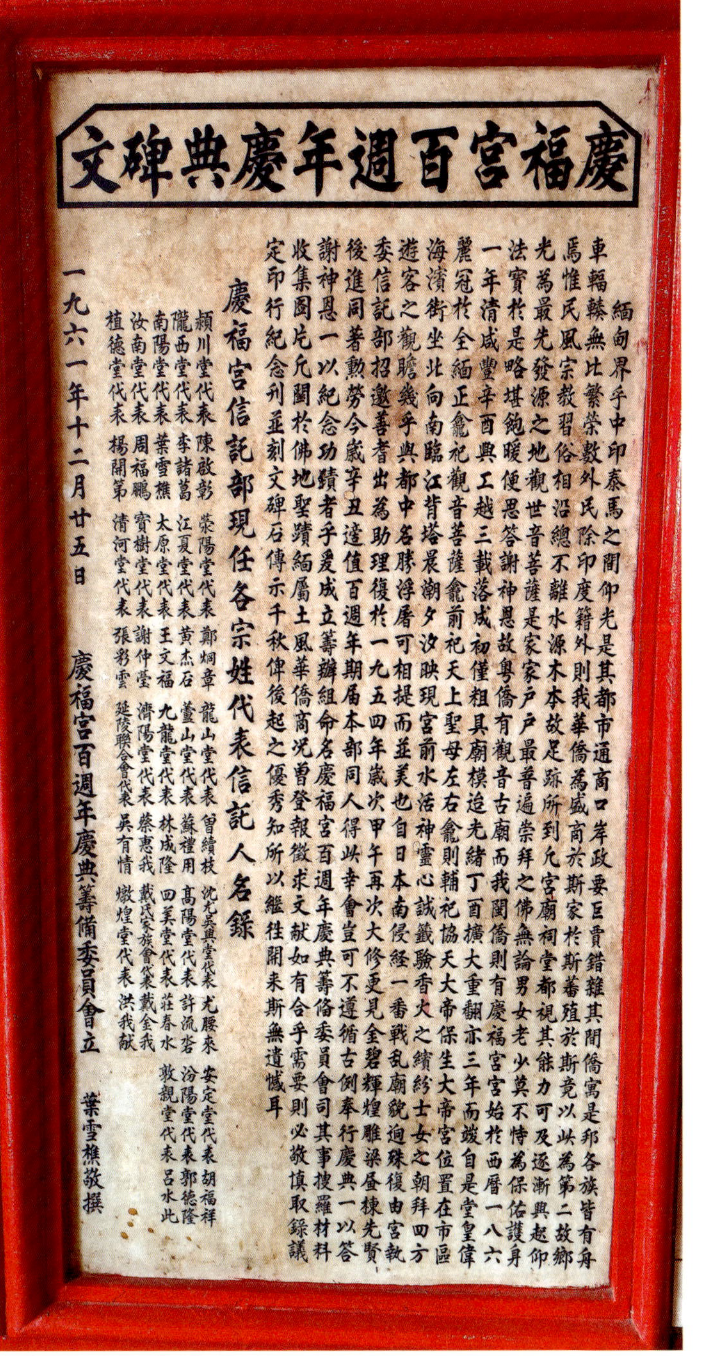

慶福宮百週年慶典碑文

緬甸界乎中印泰馬之間仰光是其都市通商口岸政要巨賈錯雜其間僑寓是邦各族皆有舟車輻輳無比繁榮數外民除印度籍外則我華僑爲盛商於斯家於斯蕃殖於斯竟以此爲第二故鄉焉惟民風宗教習俗相沿總不離水源木本故足跡所到凡宮廟祠堂都視其能力可及逐漸興起仰光爲最先發源之地觀世音菩薩是家家户户最普遍崇拜之佛無論男女老少莫不恃爲保佑護身法寶於是略堪飽暖便思答謝神恩故粵僑有觀音古廟而我閩僑則有慶福宮宮始於西曆一八六一年清咸豐辛酉興工越三載落成初僅粗具廟模迨光緒丁酉擴大重翻亦三年而竣自是堂皇偉麗冠於全緬正龕祀觀音菩薩龕前祀天上聖母左右龕則輔祀協天大帝保生大帝宮位置在市區海濱街坐北向南臨江背塔晨潮夕汐映現宮前水活神靈心誠籤驗香火之續紛士女之朝拜四方遊客之觀瞻幾乎與都中名勝浮屠可相提而並美也自日本南侵經一番戰乱廟貌迥殊復由宮執委信託部招邀善耆出爲助理復於一九五四年歲次甲午再次大修更見金碧輝煌雕梁畫棟先賢、後進同著勳勞今歲辛丑適值百週年期届本部同人得此幸會豈可不遵循古例奉行慶典一以答謝神恩一以紀念功績者乎爰成立籌辦組命名慶福宮百週年慶典籌備委員會司其事搜羅材料收集圖片凡關於佛地聖蹟緬屬土風華僑商况曾登報徵求文獻如有合乎需要則必敬慎取錄議定印行紀念刊並刻文碑石傳示千秋俾後起之優秀知所以繼往開來斯無遺憾耳

慶福宮信託部現任各宗姓代表信託人名錄

潁川堂代表陳啟彰 滎陽堂代表鄭炯章 龍山堂代表曾續枝 沈尤吳興堂代表尤腰來 安定堂代表胡福祥

隴西堂代表李諸葛 江夏堂代表黄杰石 薹山堂代表蘇禮用 高陽堂代表許流峇 汾陽堂代表郭德隆

南陽堂代表葉雪樵 太原堂代表王文福 九龍堂代表林成隆 四美堂代表莊春水 敦親堂代表呂水此

汝南堂代表周福鵬 寶樹堂代表謝仲堂 濟陽堂代表蔡惠我 戴氏家族會代表戴金我

植德堂代表楊開第 清河堂代表張彩雲 延陵聯合會代表吳有情 燉煌堂代表洪我猷

一九六一年十二月廿五日 慶福宮百週年慶典籌備委員會立

葉雪樵敬撰

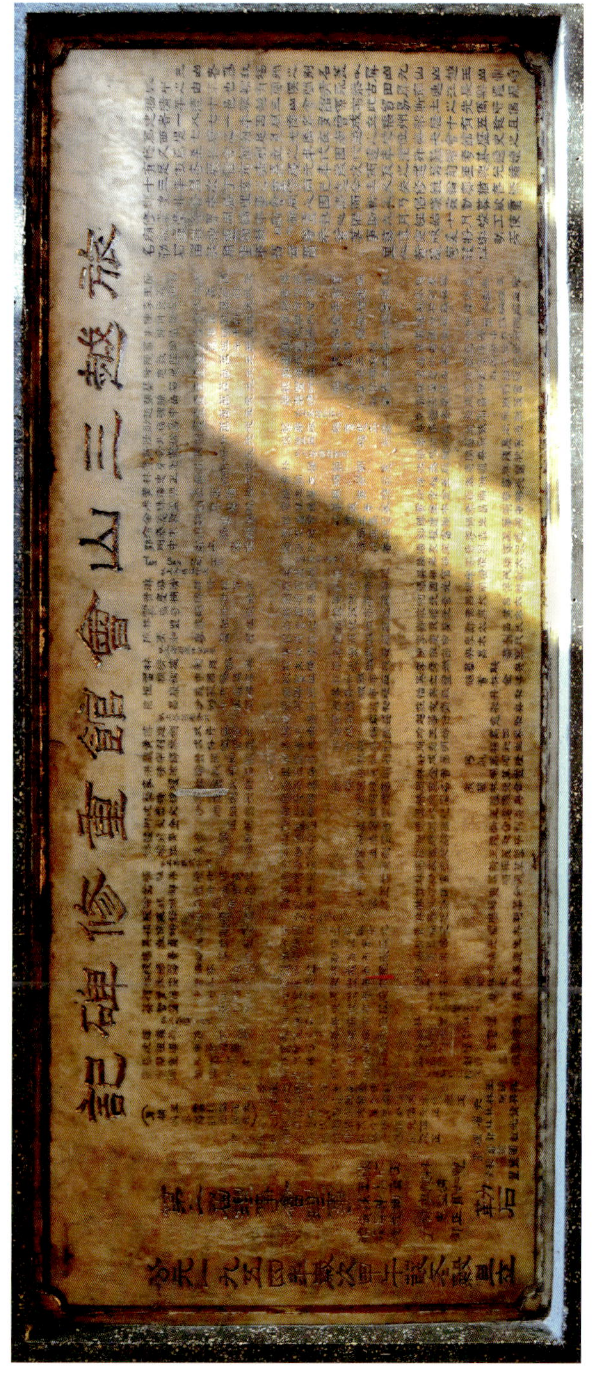

越南胡志明市旅越三山會館重修碑記

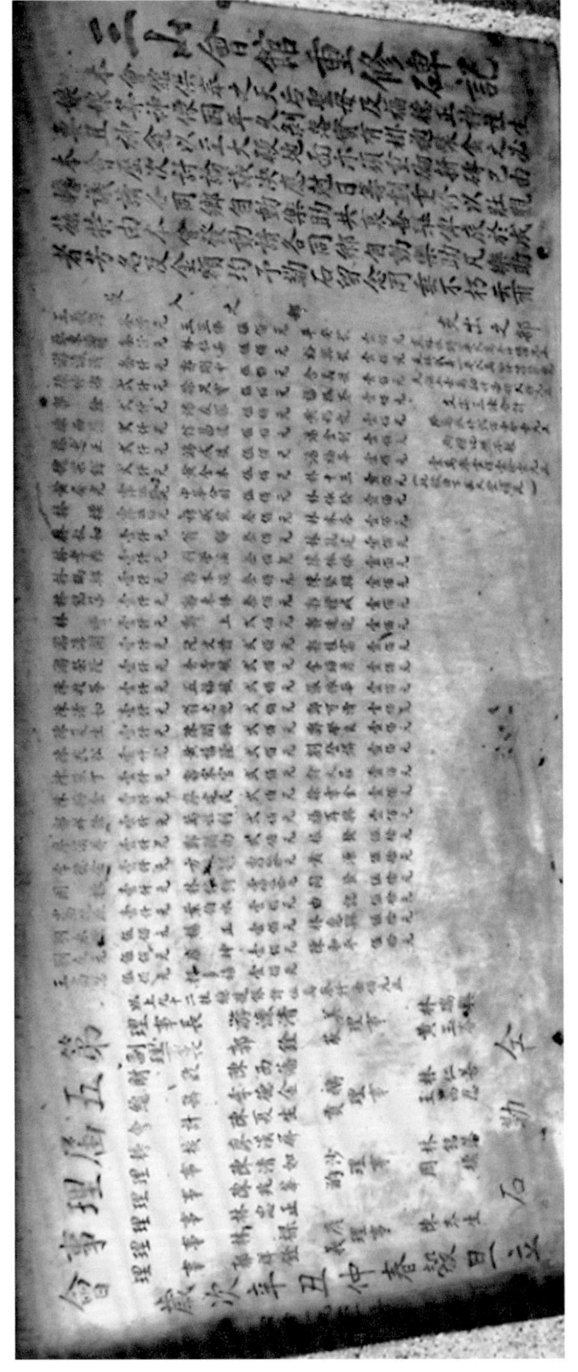

越南胡志明市三山會館重修碑記

越南胡志明市穗城會館修建天后廟放生池序言碑

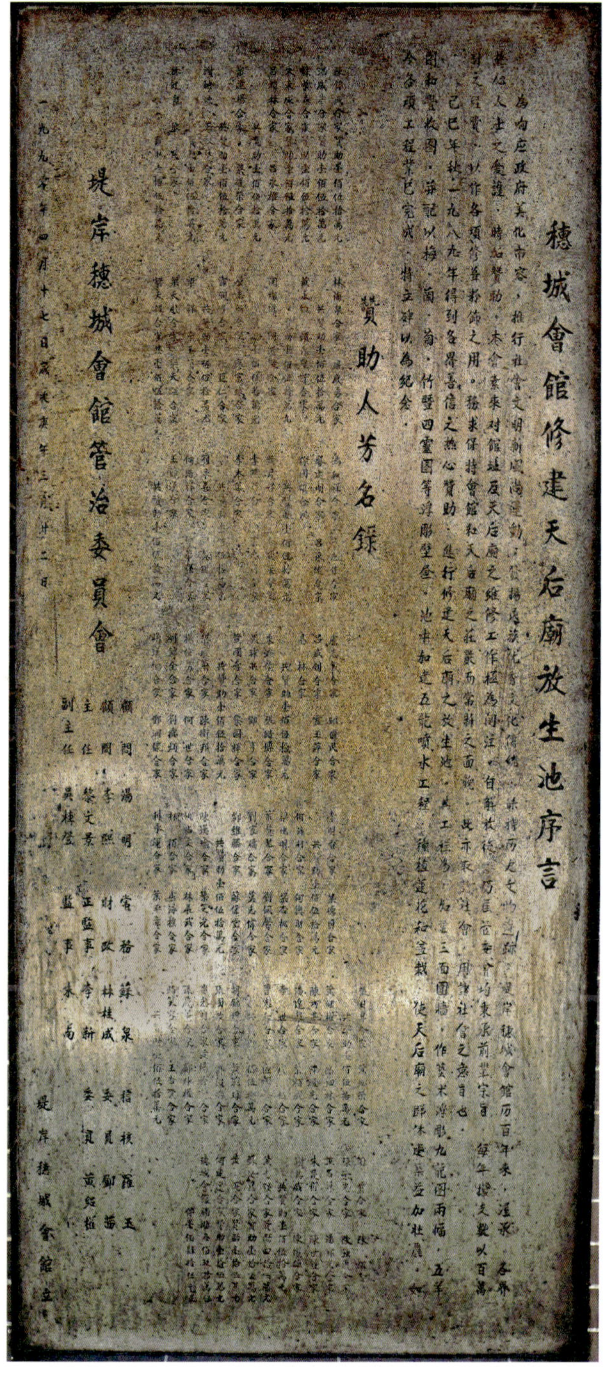

越南胡志明市穗城會館天后傳說碑

天后的傳說

天后（俗稱亞婆），許久以來，中國南方民間奉之為海神，有這樣的傳說：在中國宋朝建隆元年（公元九百六十年），中國福建省莆田縣有一女子，說是林願的第六女，說她「始生便有神光異香，長能乘席渡海，乘雲遊島嶼間」。宋雍熙四年（公元九百八十七年）便昇化了，享壽二十七歲。從宋、元、明各朝代，民間時有傳說：「亞婆曾衣朱衣飛翔海上，累顯靈蹟。」從此，歷朝皆有封贈，元明封為天妃，後至清康熙時，又封贈為天后，而天后聖母之名，遂享祀至今。

在古代，以神道設教的中國封建社會，由民間一時的傳說，輾轉相傳而成為民間信仰是很普遍的事情，但難得是：「亞婆」歷千年而香火猶盛。

籍堤岸穗城會館重繪聖母顯靈圖，謹撰數言，以為紀念。

一九八八年戊辰夏

堤岸穗城會館立

穗城會館重修碑記

越南胡志明市穗城會館重修碑記

越南胡志明市海南會館新漆廟宇捐銀碑

馬來西亞檳城鳳山寺敕封廣澤尊王碑

新加坡重建鳳山寺碑記

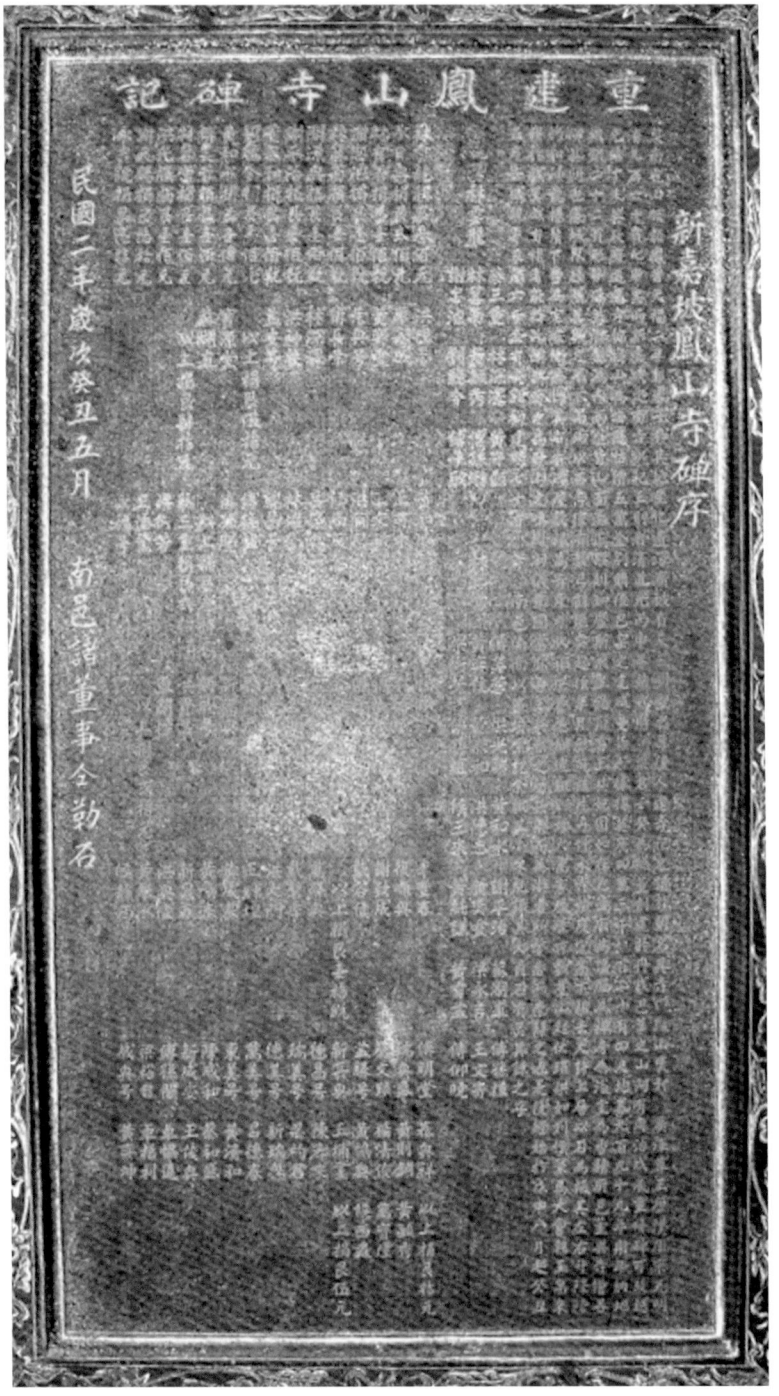

馬來西亞檳城鳳山寺敕封廣澤尊王碑

新加坡重建鳳山寺碑記

南安古墓碑記

新嘉坡于一八一九年開埠受英國統治其時已有南安人來此定居一八二九年即清道光九年有卅一位不明姓氏之南安先賢古墳葬於丹戎巴葛青山亭附近之福建公塚一九〇七年因英政府進行市區重建南安先賢古墳亦經撿骸遷葬於四排坡恒山亭福建公塚迨至一九四一年因英政府進行擴建中央醫院飭令該恒山亭所有墳墓概須遷移是以卅一位先賢古墳乃再遷葬於咖啡山福建公塚迨年由鳳山寺信託委員會負責祭掃一九七七年間後因新嘉坡政府計劃發展該地段闢建快速公路該古墳又須遷葬南安會館接管鳳山寺信託委員會後旋又負責將卅一位先賢遺骸火化移葬於萬禮直貢福建公塚現址前後四度遷葬距今已有一百四十六年本會館為紀念先賢當年參加開拓新嘉坡之功蹟負責保管此一古墳每年清明節舉行祭拜序修歲祀以慰先靈謹此立碑永垂無疆之休

新嘉坡南安會館 敬立

公元一九七七年十一月十八日

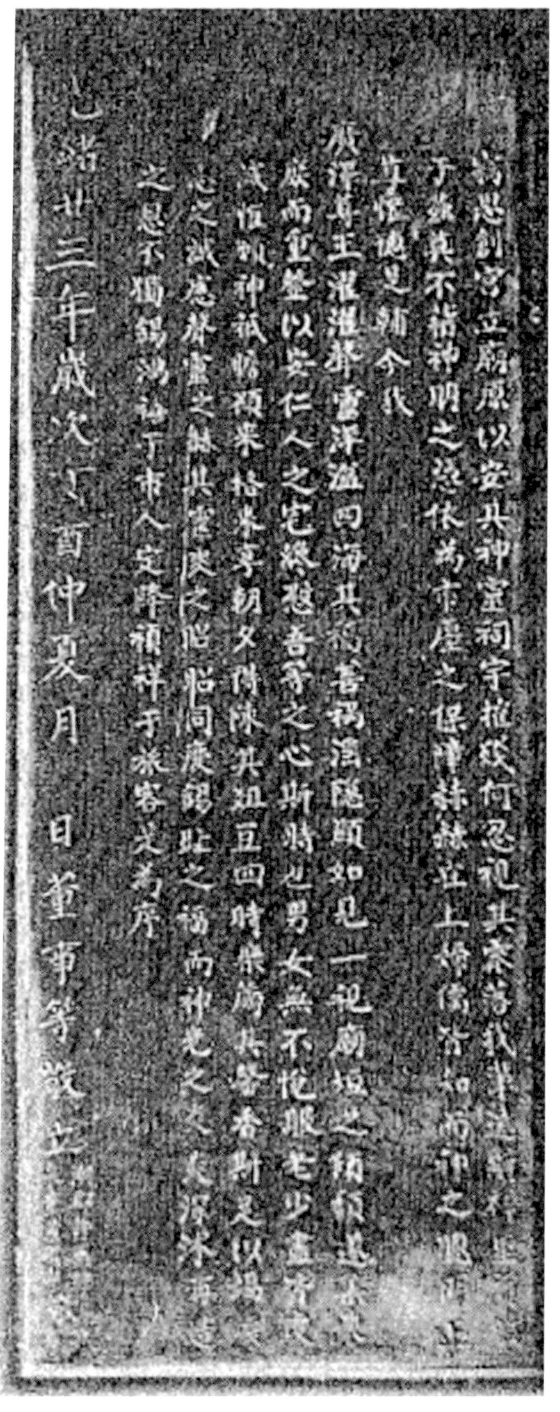

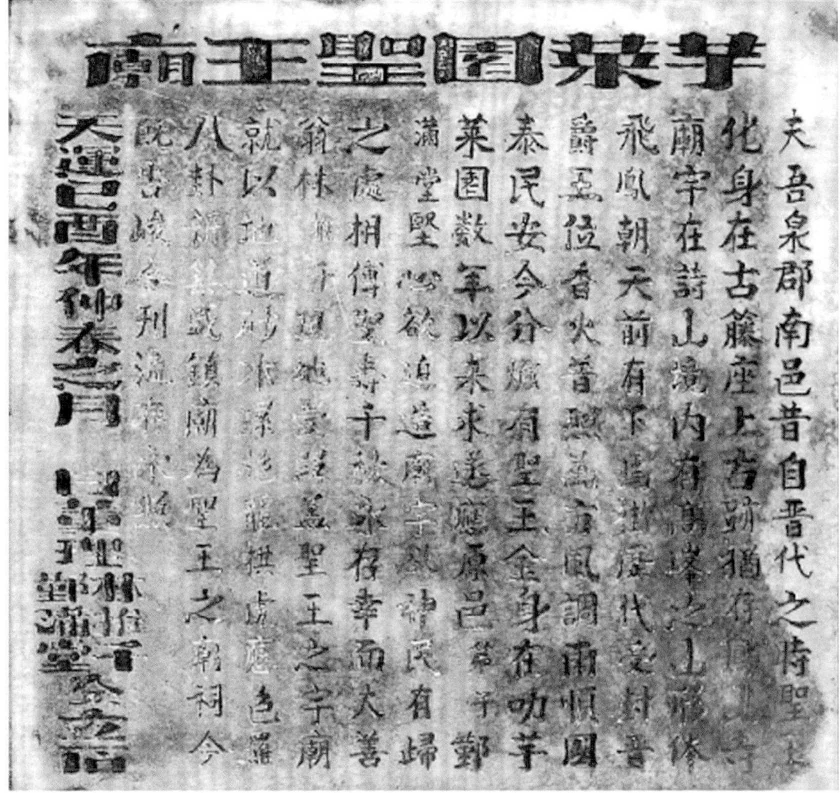

印度尼西亞中爪哇勝森廣澤尊王廟重修碑

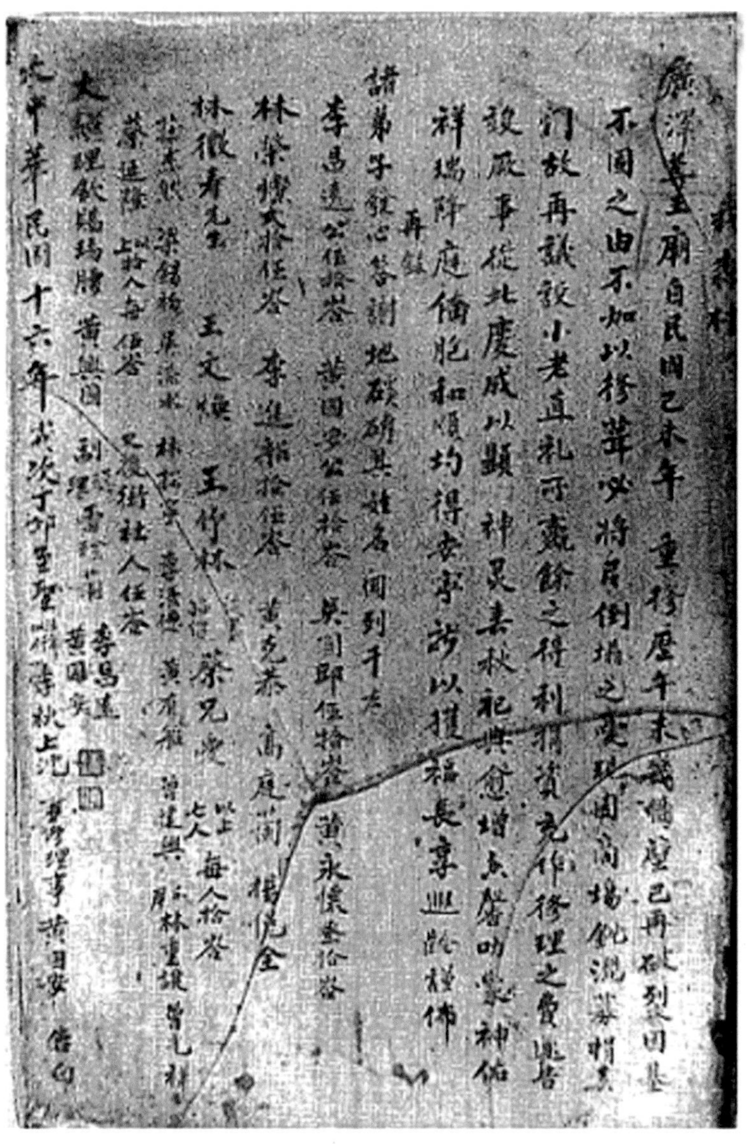

文萊斯里巴加灣市騰雲殿「威靈顯赫」匾

新加坡興建崇文閣碑記

新加坡續上崇文閣碑記

新加坡重修崇文閣碑記

馬來西亞檳城陳氏宗祠開漳聖王碑

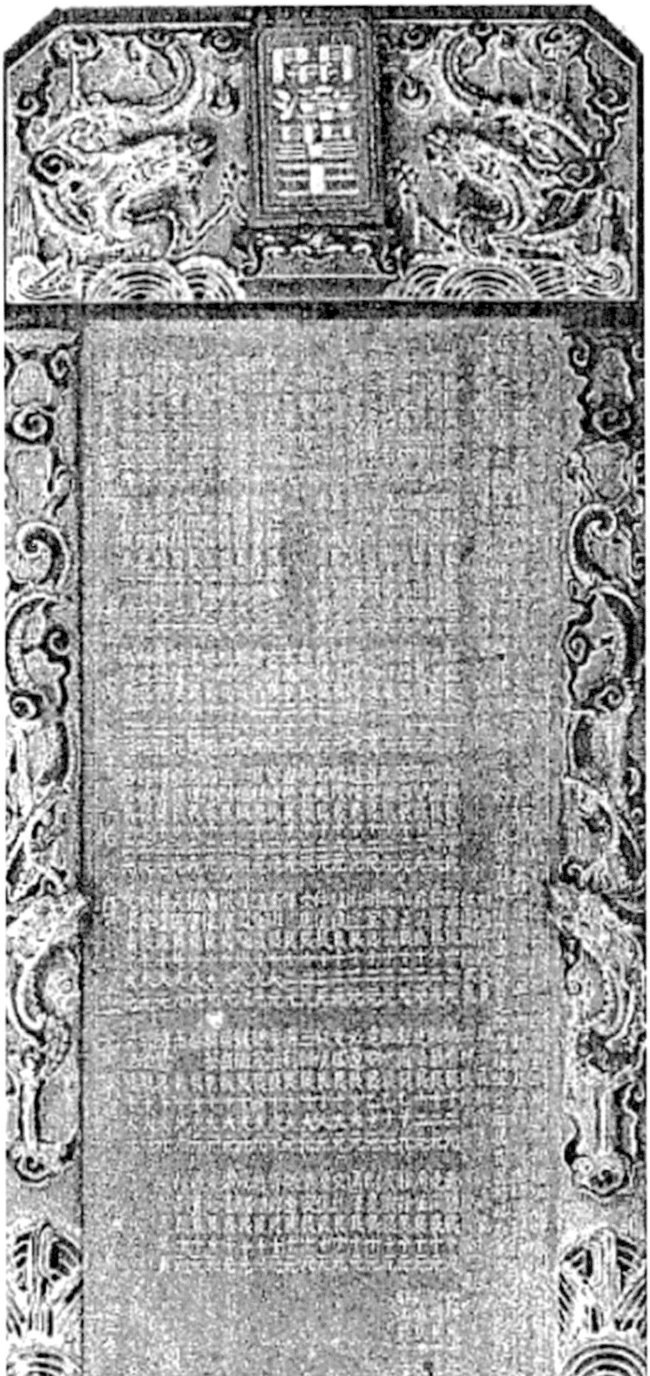

新加坡重修保赤宫陳氏宗祠碑記

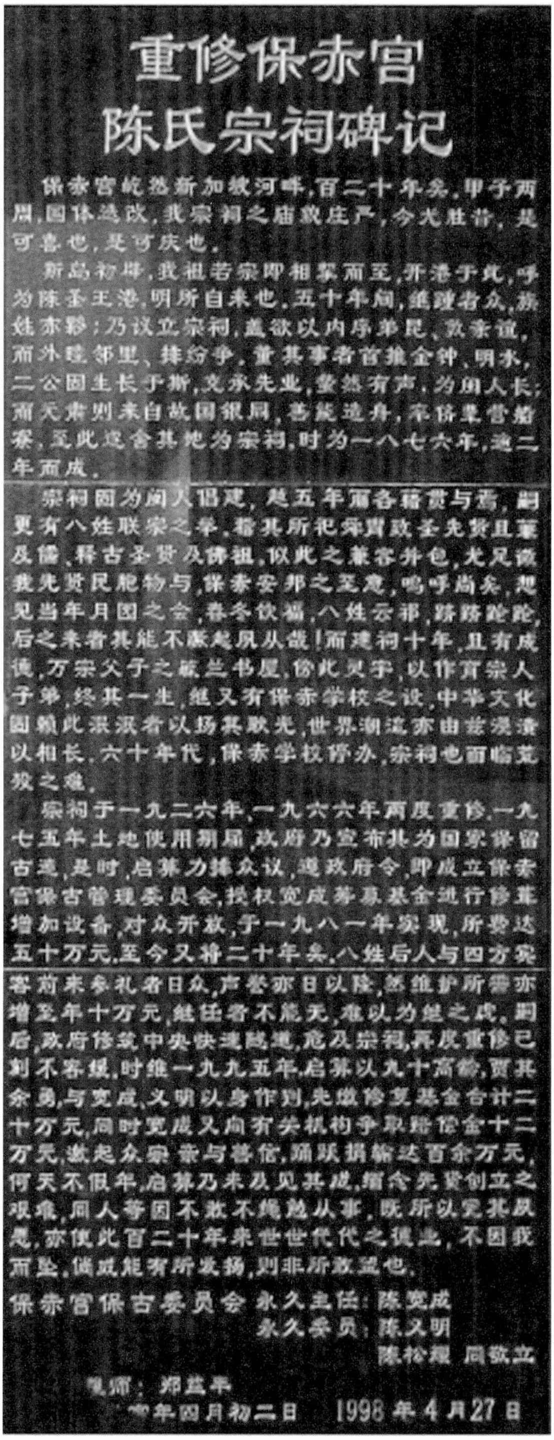

重修保赤宫
陈氏宗祠碑记

保赤宫屹然新加坡河畔，百二十年矣。甲子两周，国体迭改，我宗祠之庙貌庄严，今尤胜昔，是可喜也，是可庆也。

新岛初辟，我祖若宗即相挈而至，开港于此，呼为陈圣王港，明所自来也。五十年间，继踵者众，族姓亦繁；乃议立宗祠，盖欲以内序弟昆、敦亲谊，而外睦邻里、排纷争。董其事者首推金钟、明水，二公固生长于斯，克承先业，蜚然有声，为闽人长；而天肃则来自故国银同，善能造舟，牵侨业营船寮，至此遂舍其地为宗祠，时为一八七六年，逾二年而成。

宗祠固为闽人倡建，越五年届各籍贯与焉，嗣更有八姓联宗之举。籍其所祀舜胄陈圣先贤且兼及儒、释古圣贤及佛祖，似此之兼容并包，尤足征我先贤民胞物与、保泰安邦之至意，呜呼尚矣。想见当年月团之会，春冬饮福，八姓云罗，跻跻跄跄，后之来者其能不慕起夙从哉！而建祠十年，且有成德、万宗父子之藏兰书屋，借此灵宇，以作育宗人子弟，终其一生，继又有保赤学校之设，中华文化固赖此涓涓者以扬其耿光，世界潮流亦由兹浸渍以相长。六十年代，保赤学校停办，宗祠也面临荒废之虞。

宗祠于一九二六年、一九六六年两度重修。一九七五年土地使用期届，政府乃宣布其为国家保留古迹。是时，启华力排众议，遵政府令，即成立保赤宫保古管理委员会，授权宽成筹募基金进行修葺、增加设备，对众开放，于一九八一年实现，所费达五十万元。至今又将二十年矣，八姓后人与四方宾客前来参礼者日众，声誉亦日以隆，然维护所需亦增至年十万元，继任者不能无虑以为继之戚。嗣后，政府修筑中央快速路道，危及宗祠，再度重修已刻不容缓。时维一九九五年，启华以九十高龄，贾其余勇，与宽成、义明以身作则，先缴修复基金合计二十万元，同时宽成又向有关机构争取赔偿金十二万元，激起众宗亲与善信，踊跃捐输达百余万元。何天不假年，启华乃未及见其成，缅念先贤创立之艰难，同人等固不敢不黾勉从事，既所以完其夙愿，亦使此百二十年来世世代代之德业，不因我而坠，倘或能有所发扬，则非所敢望也。

保赤宫保古委员会 永久主任：陈宽成
永久委员：陈义明
陈松耀 同敬立

雕师：郑益年
寅年四月初二日 1998 年 4 月 27 日

馬來西亞馬六甲寶山亭建造祀壇功德碑記

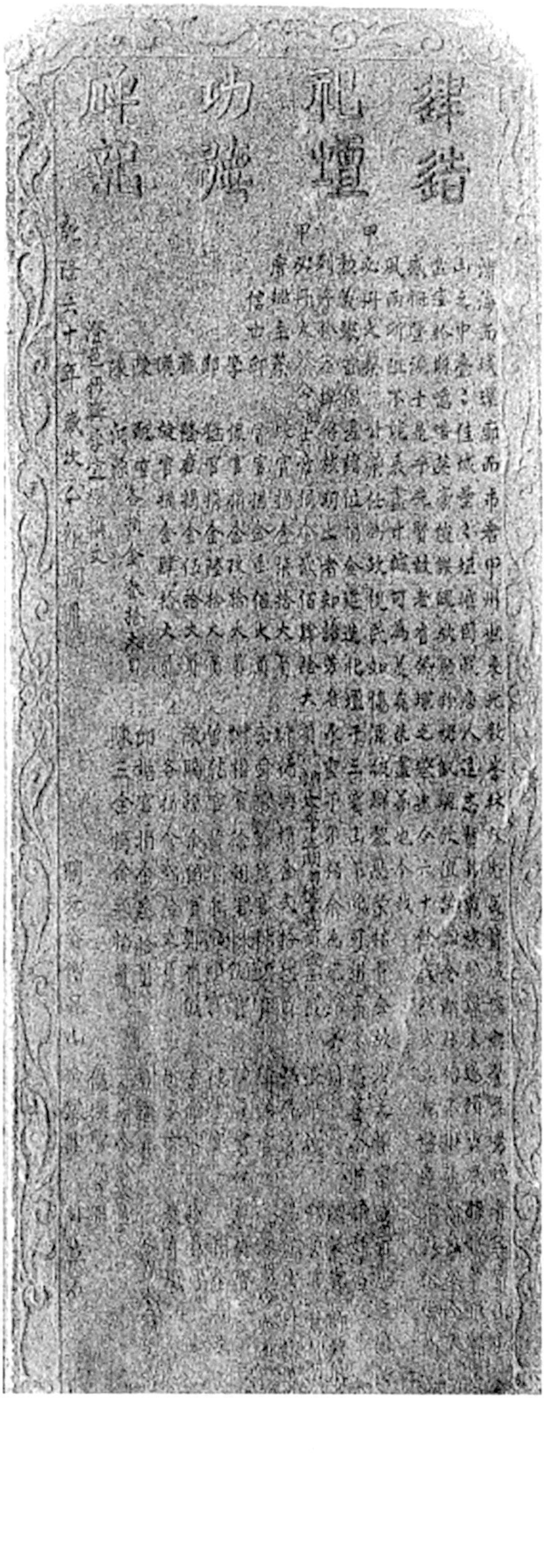

马来西亚马六甲寶山亭蔡士章奉獻市厝碑

馬來西亞馬六甲寶山亭墓地除草捐金木牌

馬來西亞馬六甲寶山亭保三寶井山義冢資助公班衙碑記

馬來西亞馬六甲重修寶山亭碑記

重修寶山亭碑記

新加坡海唇福德祠砌築地臺捐緣勒石碑記

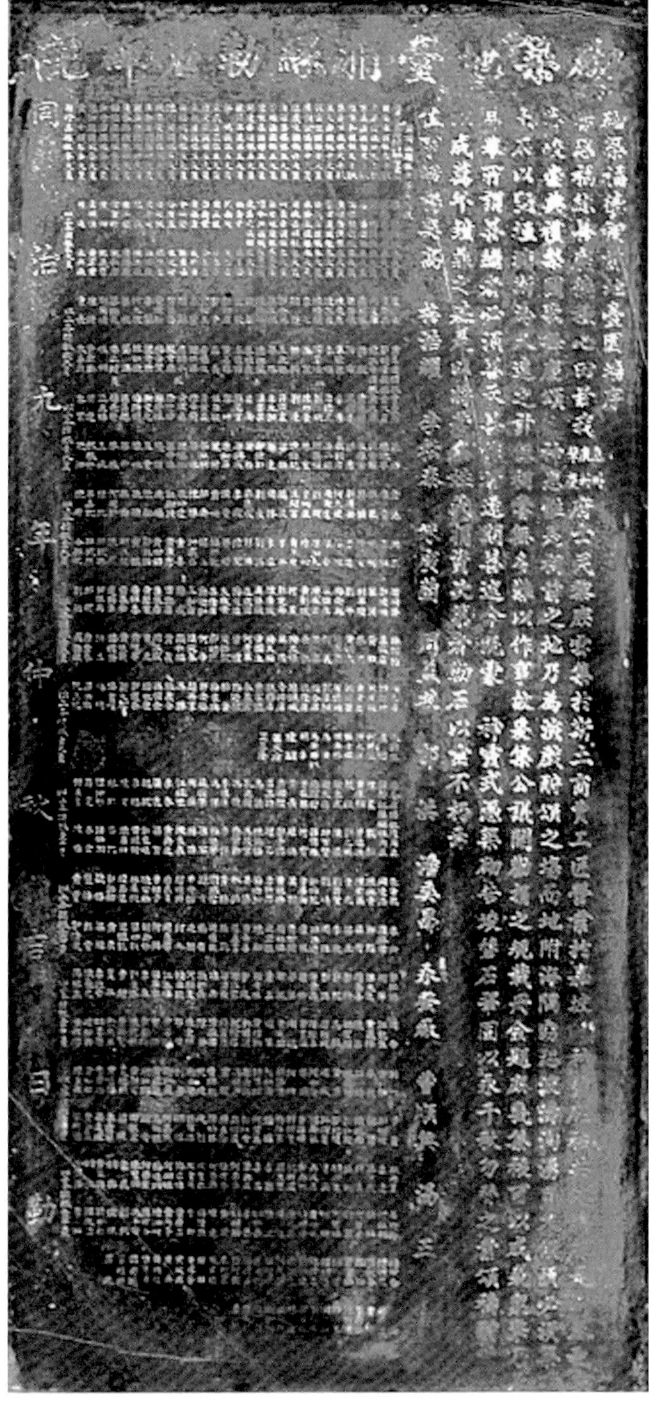

印度尼西亞中爪哇勿里碧福德廟同興廟宇牌

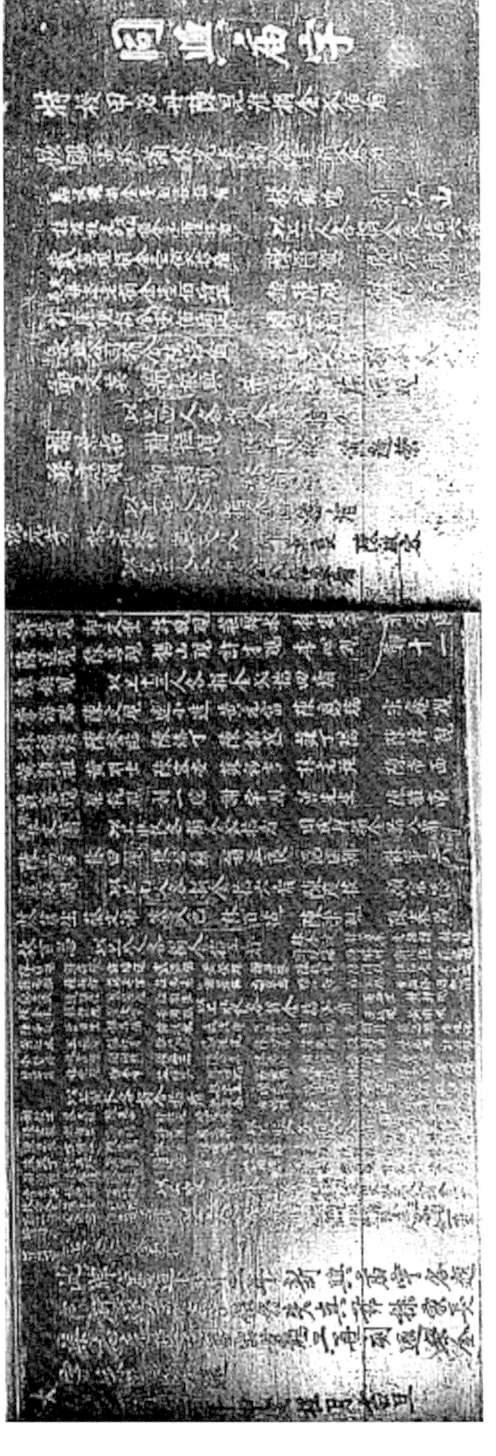

印度尼西亞中爪哇三寶壟重修厚福廟碑記

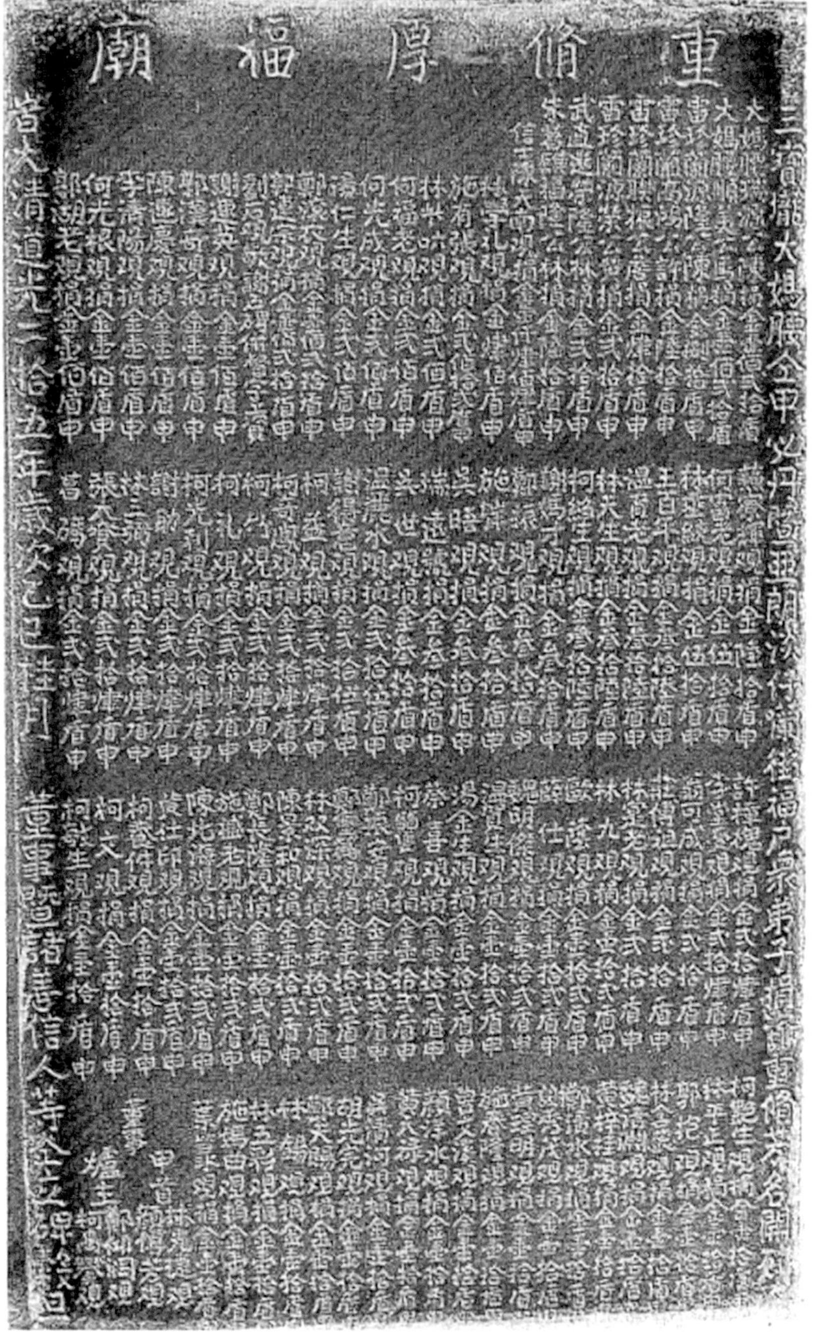

新加坡重修峨嶆大伯公廟題捐碑

咸豐七年吉立

三多堂

貢生廖拔琦捐金 [illegible]
壹百陸拾員正
梁茂秀五拾元
余振記拾二元
余五合拾元正
孫景合拾元正
戚社音拾元正
李發合捌元正
精任生捌元正
張四合陸元正
何榕先陸元正
卓嘉省陸元正

五大元 三三大元 二大元 賣大元 謝福合 江與店 游亞交 毛生合
張慶先 吳亞行 李亞東 謝南佑 古四合 楊二合 吳德合 鄭羅秀 李老發
伍文寧 鄭門合 鄭慶龍 黎增合 饒松喜 協宇合 曾三合 鄭二鳳 協與店
彭亞化 吳亞華 謝潤星 賴深合 陳進福 薛壽合 朱世行 何金寶 利連鳳
黃仕合 吳廣貴 寶興店 余松章 謝發合 鄭金聲 鄭炳葉 劉敬福 余亞添
吳亞思 龔茂合 宋寶盛 余鴻表 何金保 黎遠香 吳三友 恒和店 朱滿合
陳元秀 湯添合 劉勝合 伍宇鴻 胡添郎 李壬合 吳福合 劉亞勝 房埔郎
黃德合 朱五合 陳勤沐 卓亞交 中天生 梁元合 何華合 伍宇祐 林振聲
石亞科 張泰生 梁亭合 鄭五龍 黃亞意 何辟勝 萬順店 彭秀合 吳桂合
王桂泓 張來富 黃四興 羅亞城 曾長合 劉義福 惠與香 曾福與
蔡桂龍
蘇昌合 林金貴 孔慶合 王亞松 黃長合 陳由合 涂甲秀 溫金合
鍾梅均 胡四滿 寶泉店 裕珍合 梁巧合 趙亞滿 怡隆店
黃奴合 王存福 饒亞鴻 蔡添郎 源利店 伍南興 楊九合

馬來西亞馬六甲三多廟芙蓉爐骨捐題銀芳名碑

馬來西亞馬六甲修整三多廟捐緣碑

三多廟

今將己丑年修整三多廟題捐芳名開列於左

光緒廿年歲次甲午年仲春

闔廟衆紳商等仝立

馬來西亞檳城廣東省暨汀州義山新建檳嶼福德祠并義冢涼亭碑記

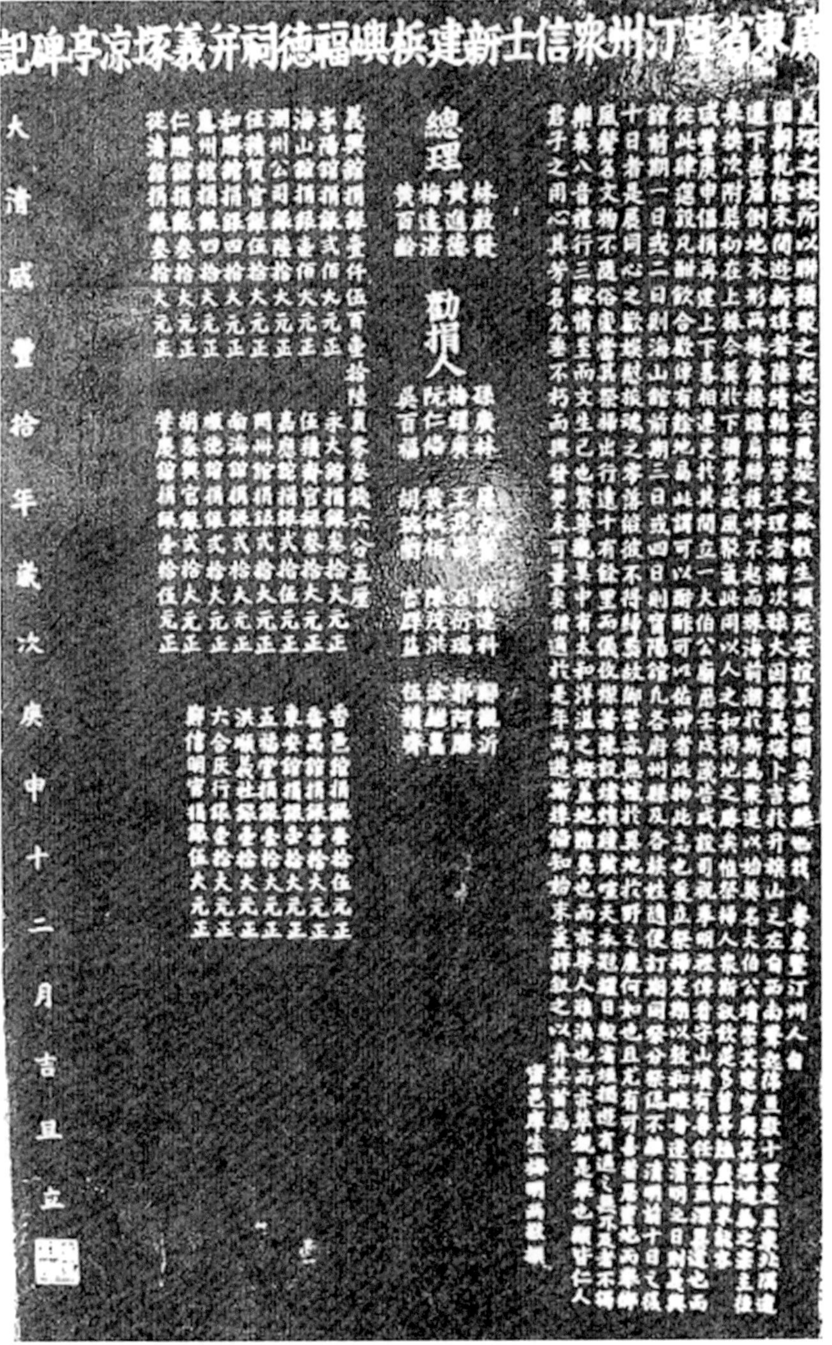

馬來西亞檳城高興港福德祠碑

高興港

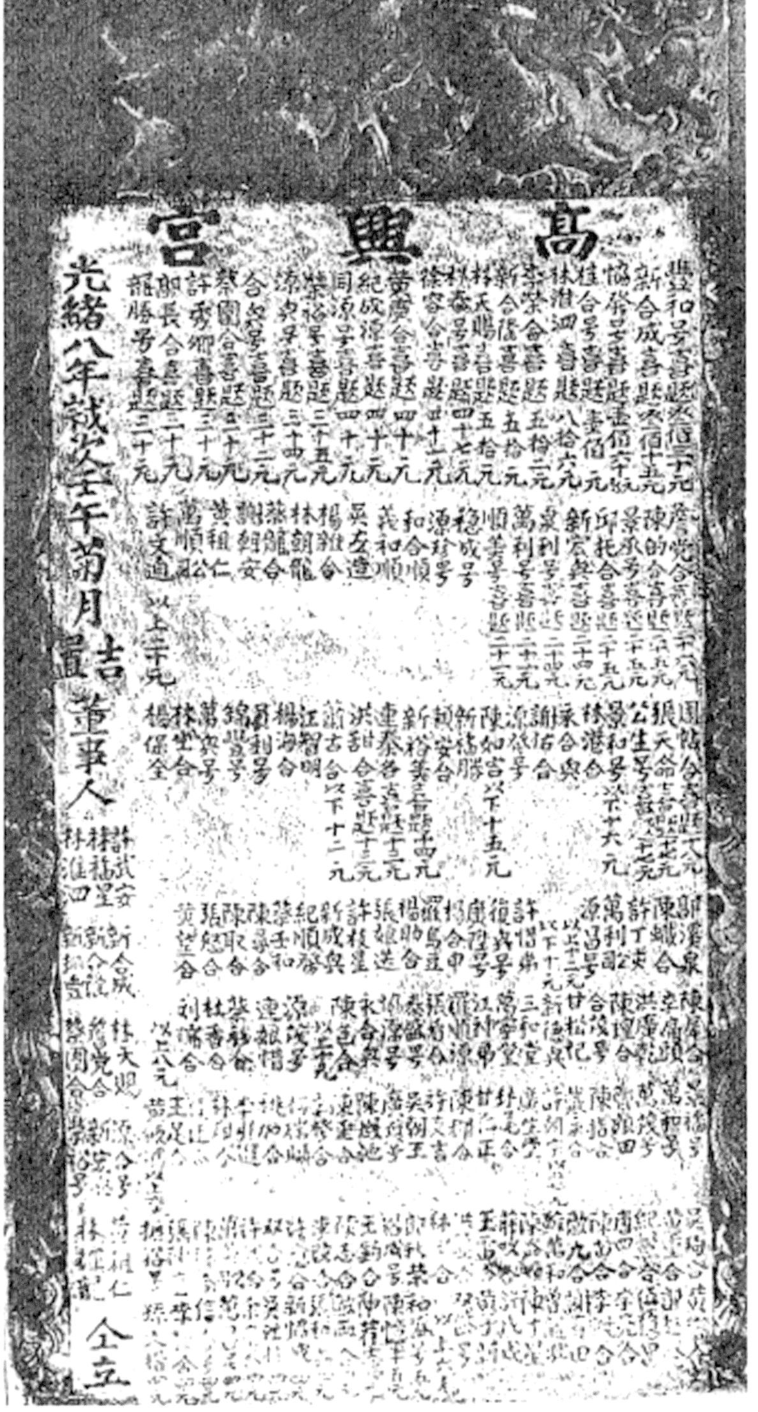

馬來西亞檳城高興港高興宮碑

印度尼西亞巨港福正廟樂捐碑文

馬來西亞檳城重修福壽宮碑記

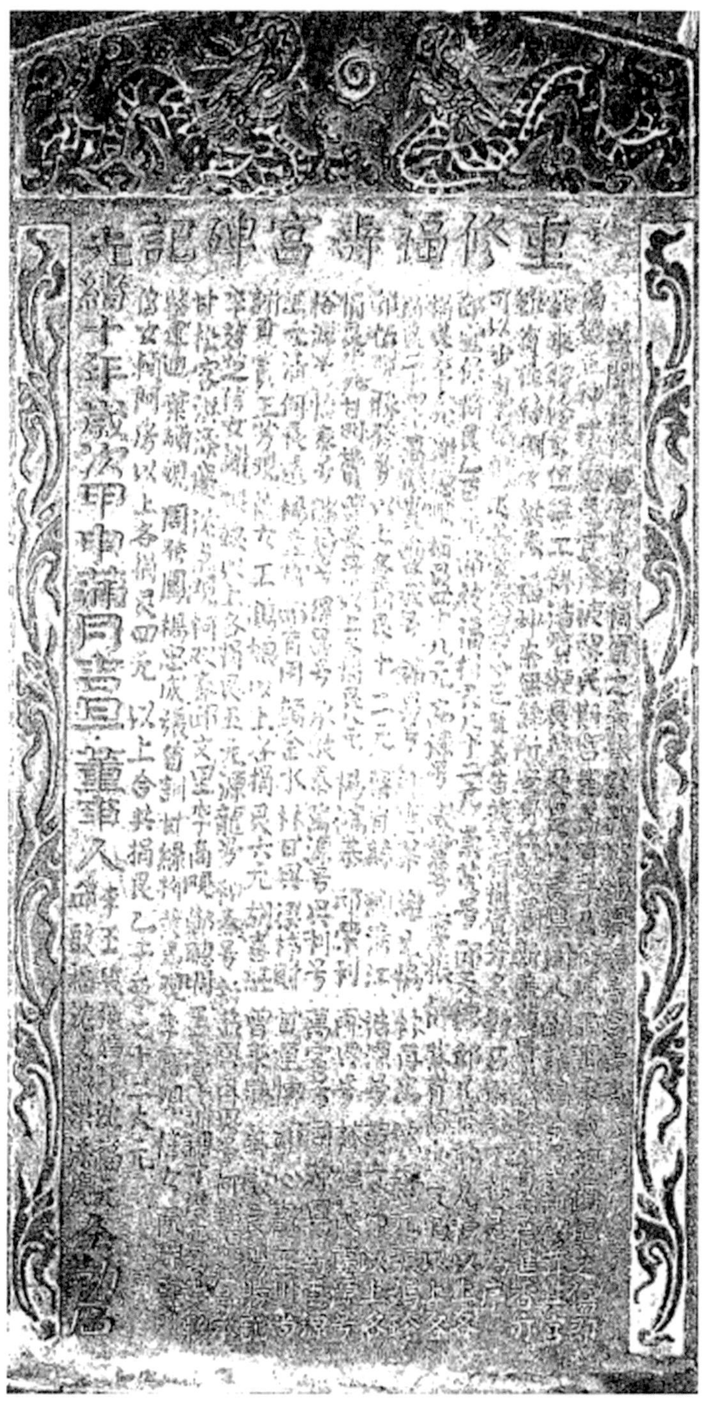

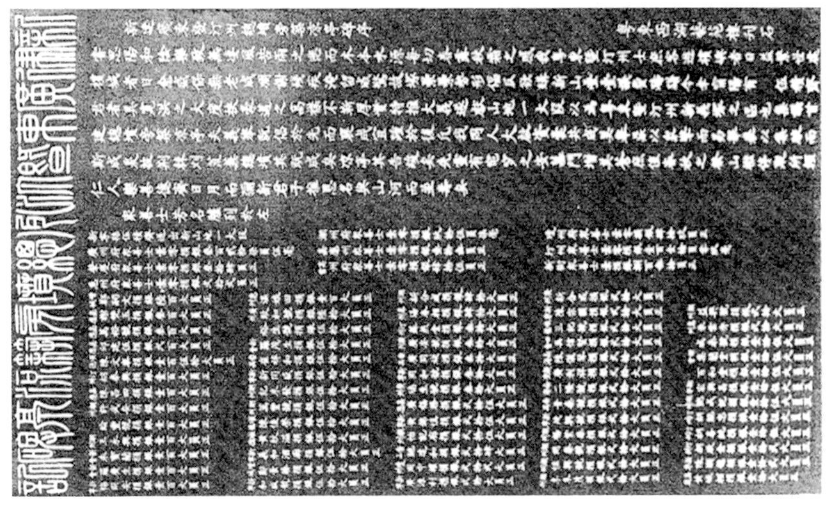

馬來西亞檳城新建廣東暨汀州總墳旁築涼亭碑序碑

馬來西亞詩巫永安亭修造捐緣碑（一）

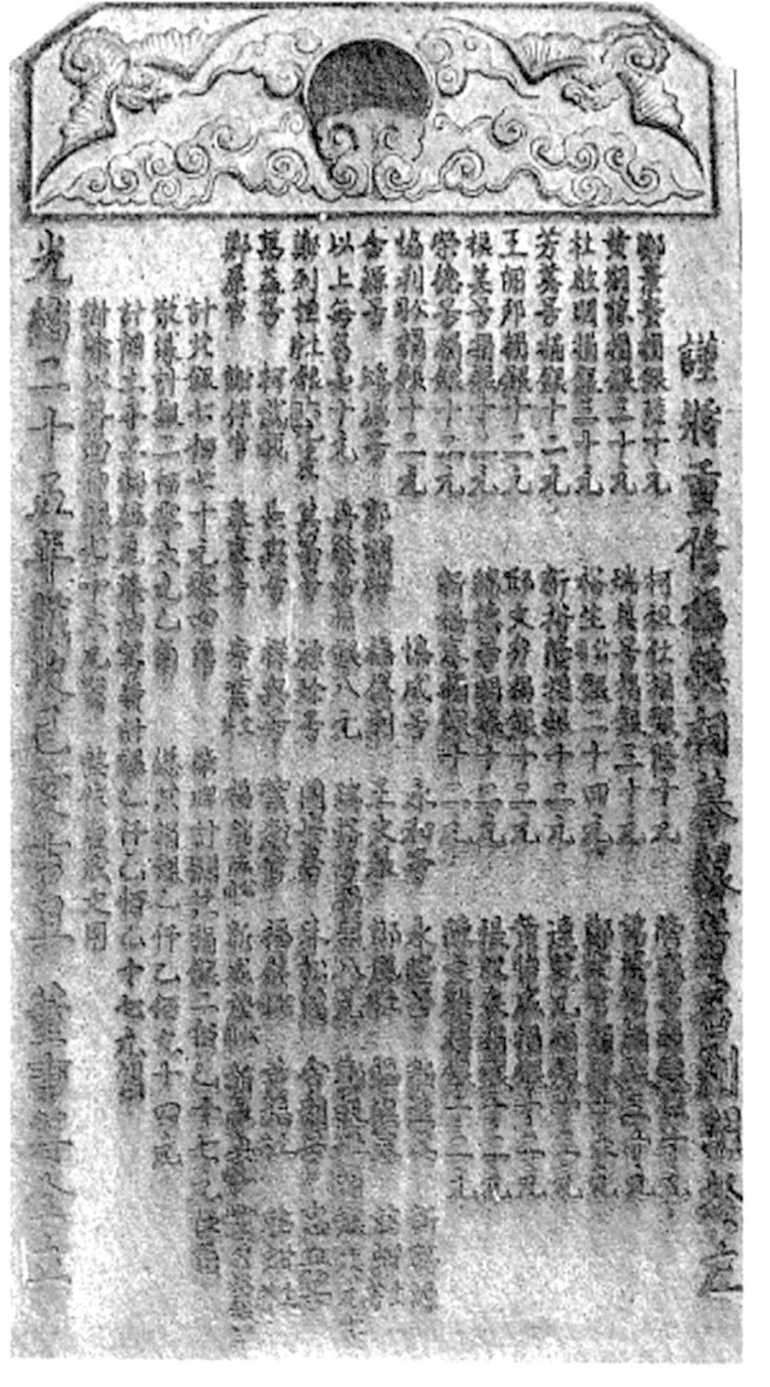

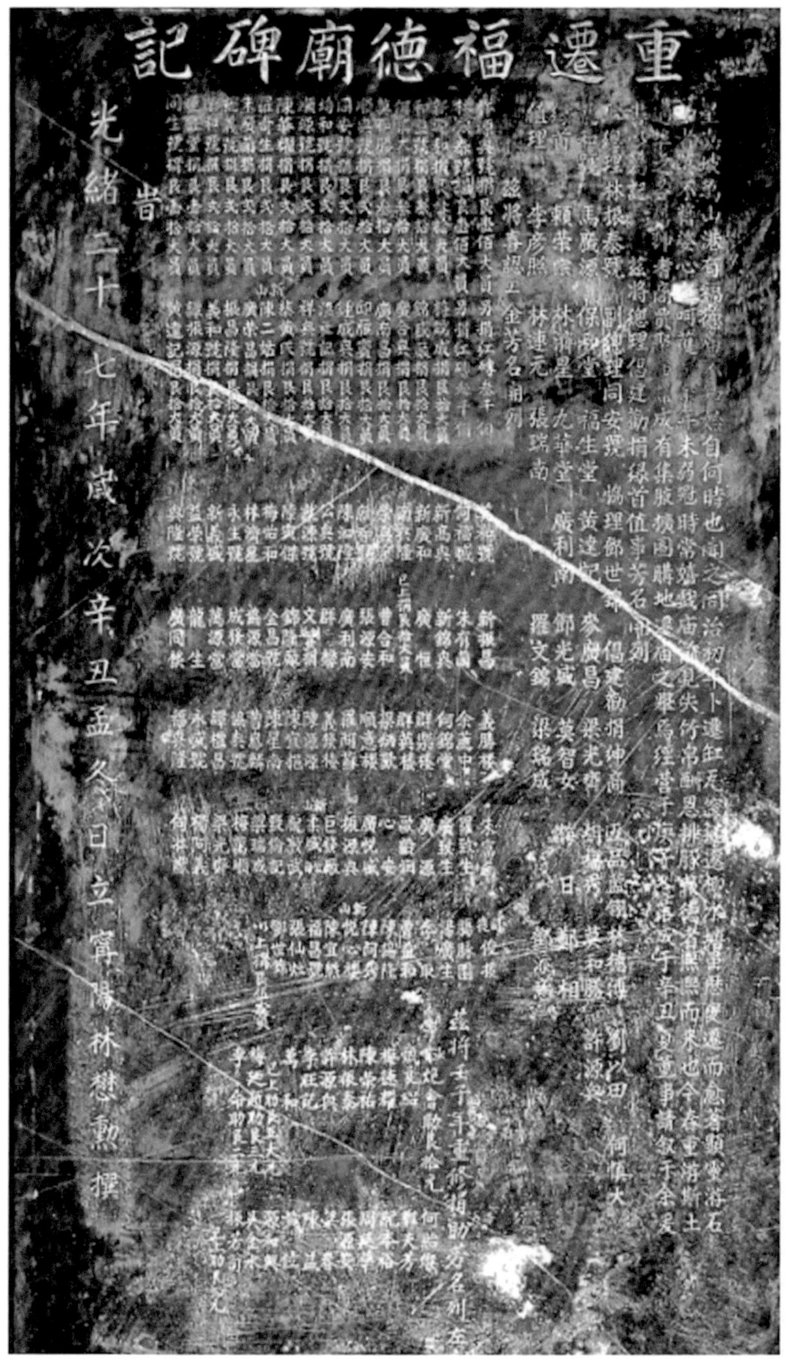

新加坡萬山港福德祠重修本廟石碑

新加坡重修萬山福德祠廟碑記

重修萬山港福德祠碑記

公元一九五四年歲次甲午年季秋吉旦立

新加坡萬山港福德祠重修土地廟碑記

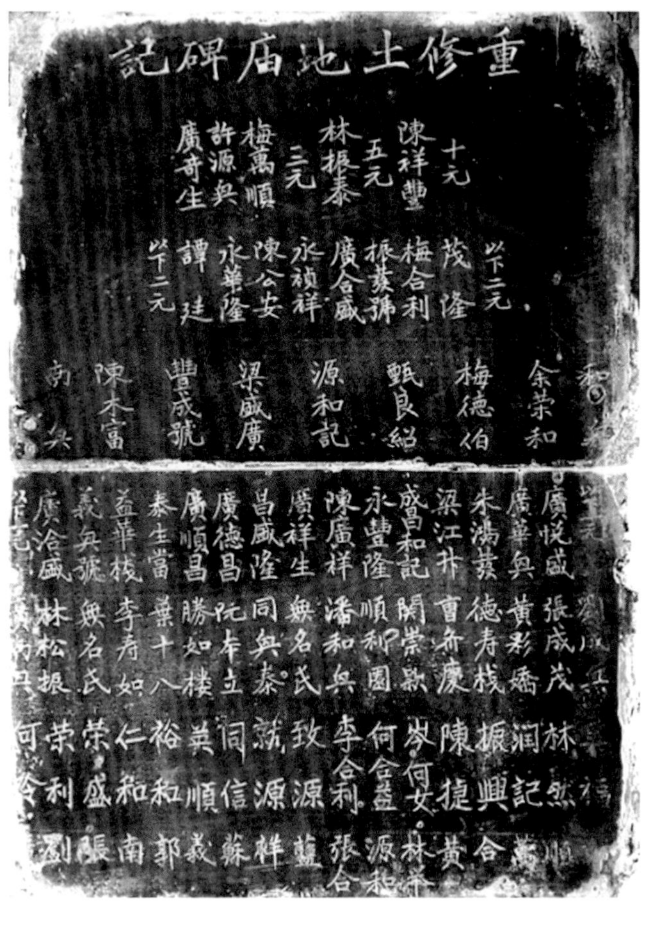

重修土地庙碑記

十元 陳祥豐
五元 林振泰
三元 梅萬順 許源興 廣奇生
以下二元 茂隆 梅合利 振蕃號 廣合盛 永禎祥 陳公安 永華隆 譚建
以下二元
余榮和 梅德伯 甄良紹 源和記 梁盛廣 豐成號 陳木富 南興

廣悅盛 張成茂 林然
廣華興 黃彩嬌 潤記 合
朱鴻英 德壽棧 振興 黃
梁江井 曹裕慶 陳提 林
盛昌和記 關崇歆 何安 源和
永豐隆 順和園 何合益 張合
陳廣祥 潘和興 李合利
廣祥生 無名氏 致源 藍
昌盛隆 同興泰 就源 祥
廣德昌 阮本立 同信 蘇
廣順昌 勝如樓 英順 義
泰生當 葉十八 裕和 郭
益華棧 李壽如 仁和 南
義興號 無名氏 榮盛 張
廣洽盛 林松振 榮利 劉
何合

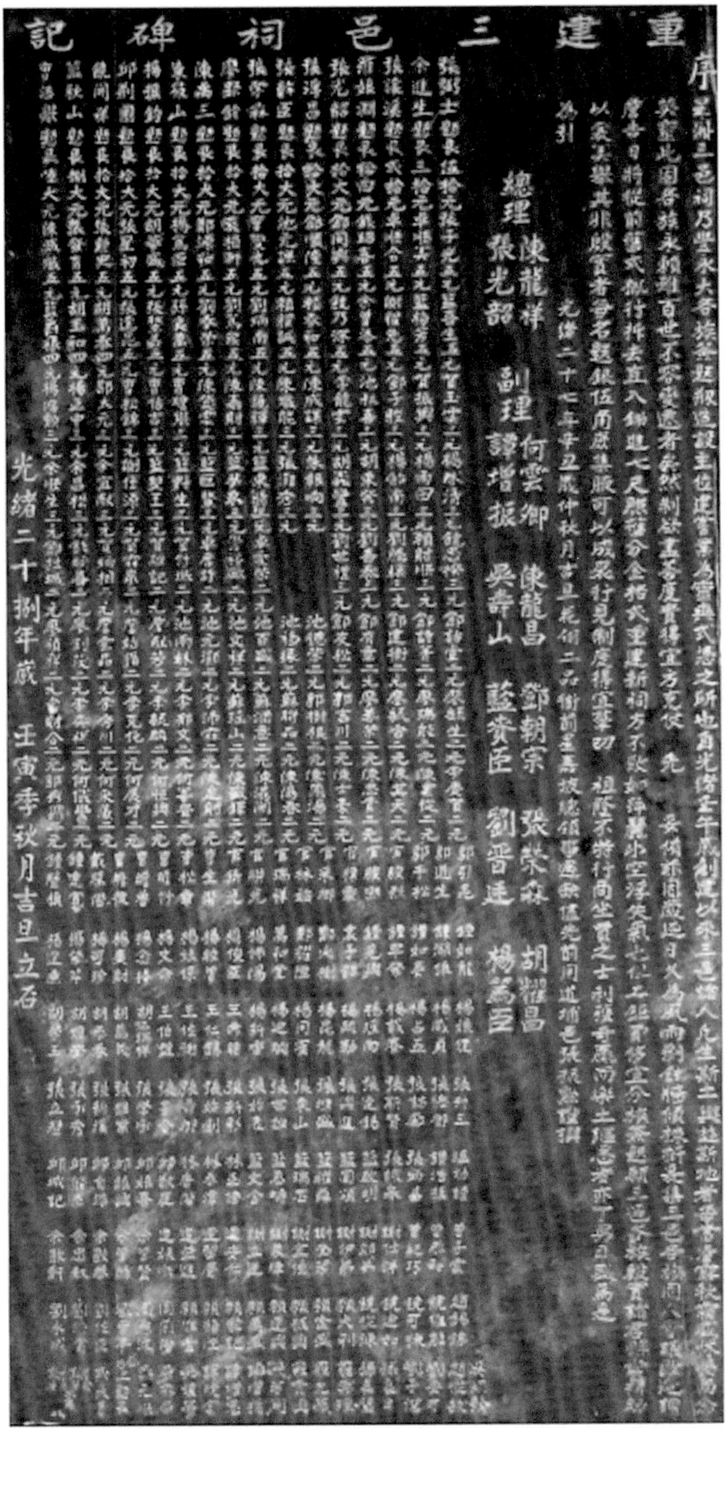

新加坡重建三邑祠碑記

重建三邑祠碑記

總理 陳龍祥 張光詔

副理 何雲卿 譚增振 陳龍昌 吳壽山 鄧朝宗 藍資臣 張榮森 劉晉廷 胡耀昌 楊爲臣

光緒二十捌年歲 壬寅季秋月吉旦立石

新加坡重建順天宮碑記（大碑）

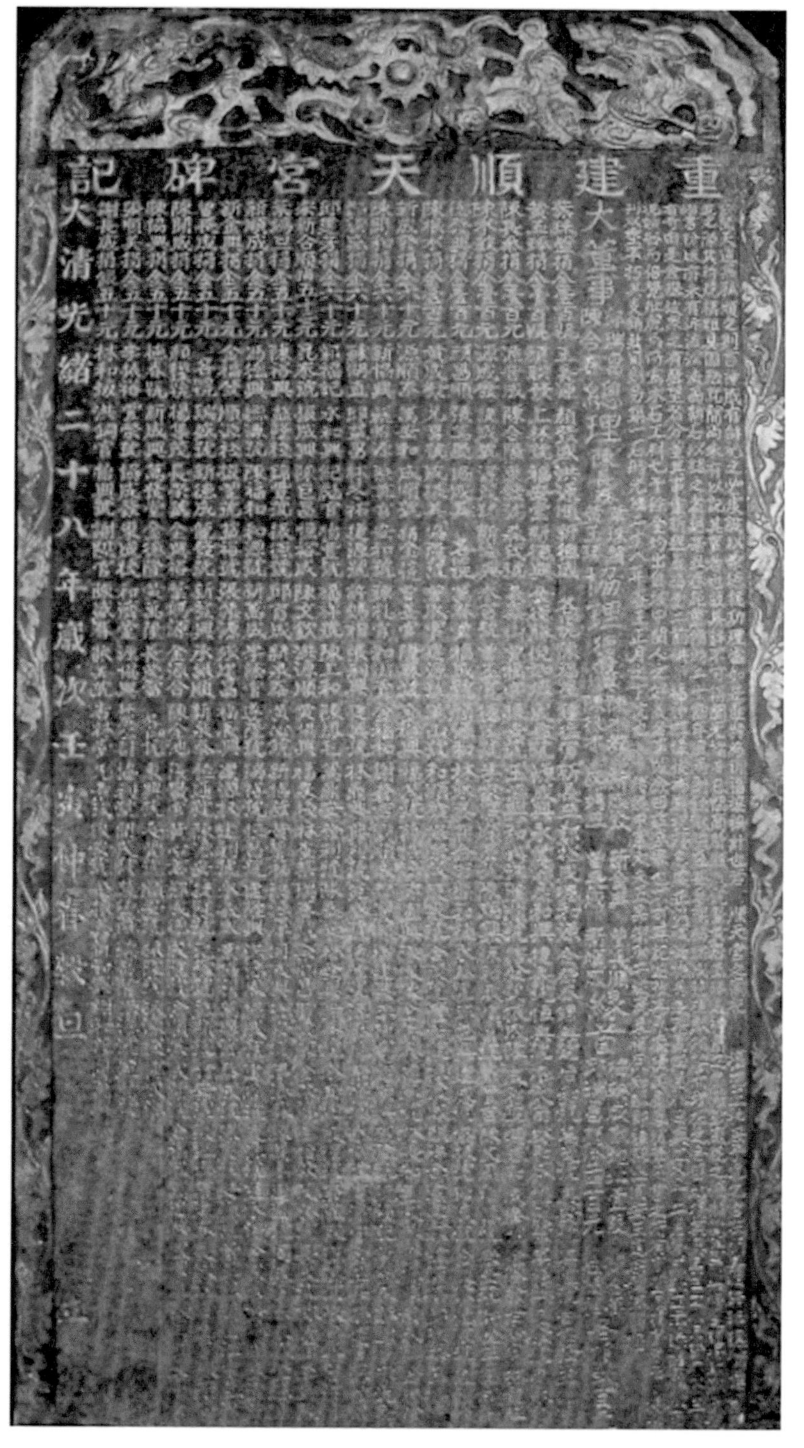

新加坡重建順天宫碑記（小碑）

重建順天宫碑記

新加坡順天宫重遷碑記

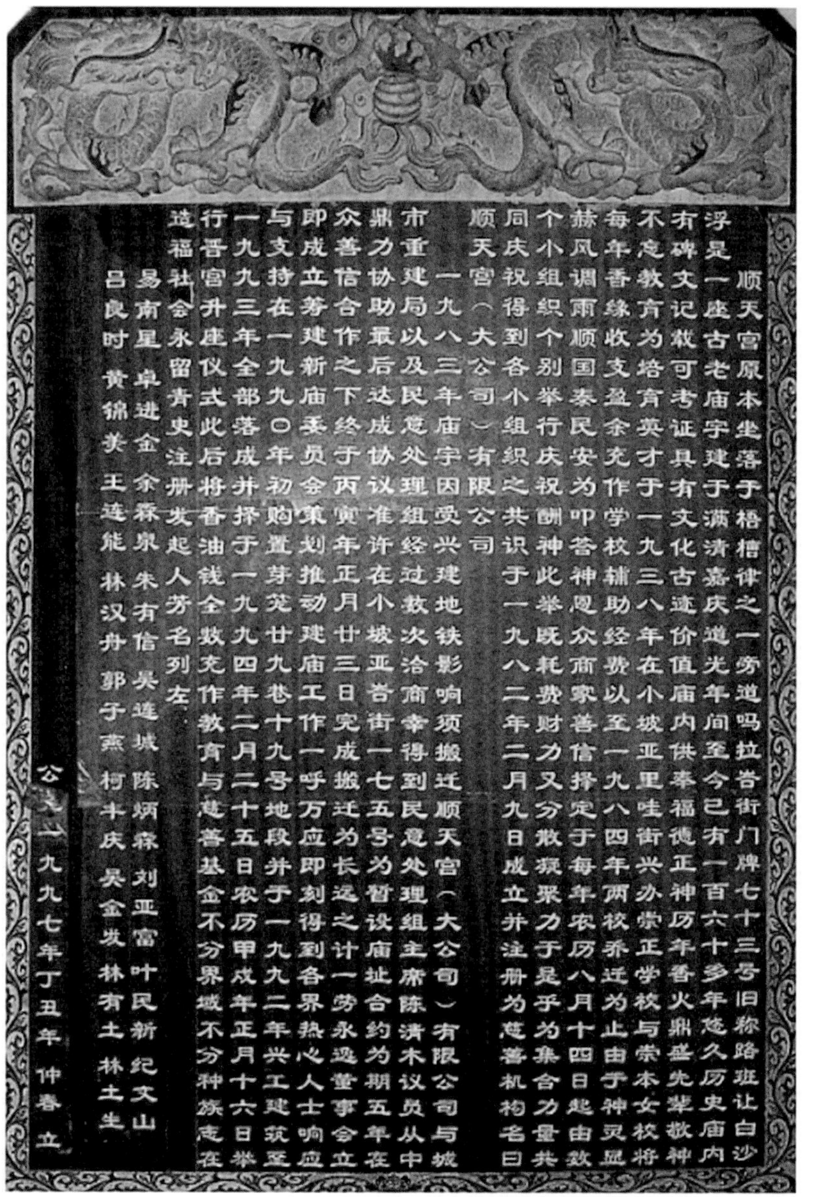

顺天宫原本坐落于梧槽律之一旁道吗拉吉街门牌七十三号旧称路班让白沙
浮是一座古老庙宇建于满清嘉庆道光年间至今已有一百六十多年悠久历史庙内
有碑文记载可考证具有文化古迹价值庙内供奉福德正神历年香火鼎盛先辈敬神
不忘教育为培育英才于一九三八年在小坡亚里哇街兴办崇正学校与崇本女校将
每年香缘收支盈余充作学校辅助经费以至一九八四年两校乔迁为止由于神灵显
赫风调雨顺国泰民安为叩答神恩众商家善信择定于每年农历八月十四日起由数
个小组织个别举行庆祝酬神此举既耗费财力又分散凝聚力于是乎为集合力量共
同庆祝得到各小组织之共识于一九八二年二月九日成立并注册为慈善机构名曰
顺天宫（大公司）有限公司
一九八三年庙宇因受兴建地铁影响须搬迁顺天宫（大公司）有限公司与城
市重建局以及民意处理组经过数次洽商幸得到民意处理组主席陈清木议员从中
鼎力协助最后达成协议准许在小坡亚吉街一七五号为暂设庙址合约为期五年在
众善信合作之下终于丙寅年正月廿三日完成搬迁为长远之计一劳永逸董事会立
即成立筹建新庙委员会策划推动建庙工作一呼万应即刻得到各界热心人士响应
与支持在一九九〇年初购置芽笼廿九巷十九号地段并于一九九二年兴工建筑至
一九九三年全部落成并择于一九九四年二月二十五日农历甲戌年正月十六日举
行晋宫升座仪式此后将香油钱全数充作教育与慈善基金不分界域不分种族志在
造福社会永留青史注册发起人芳名列左：
易南星 卓进金 余森泉 朱有信 吴连城 陈炳森 刘亚富 叶民新 纪文山
吕良时 黄锦美 王连能 林汉舟 郭子燕 柯丰庆 吴金发 林有土 林土生
公元一九九七年丁丑年仲春立

新加坡重建水廊頭大伯公廟碑

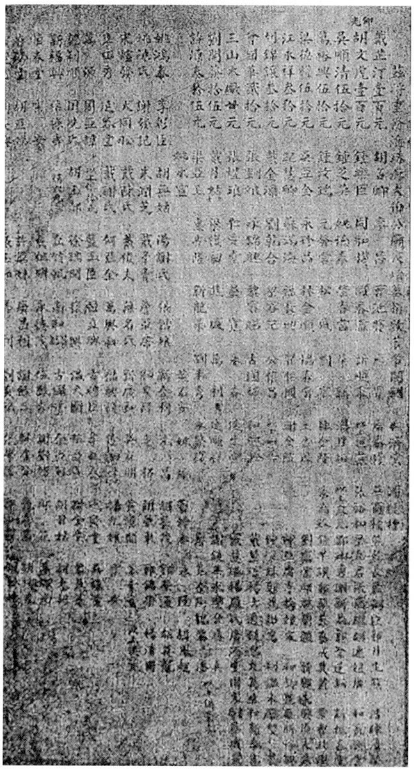

馬來西亞檳城重修海珠嶼大伯公廟捐册序碑

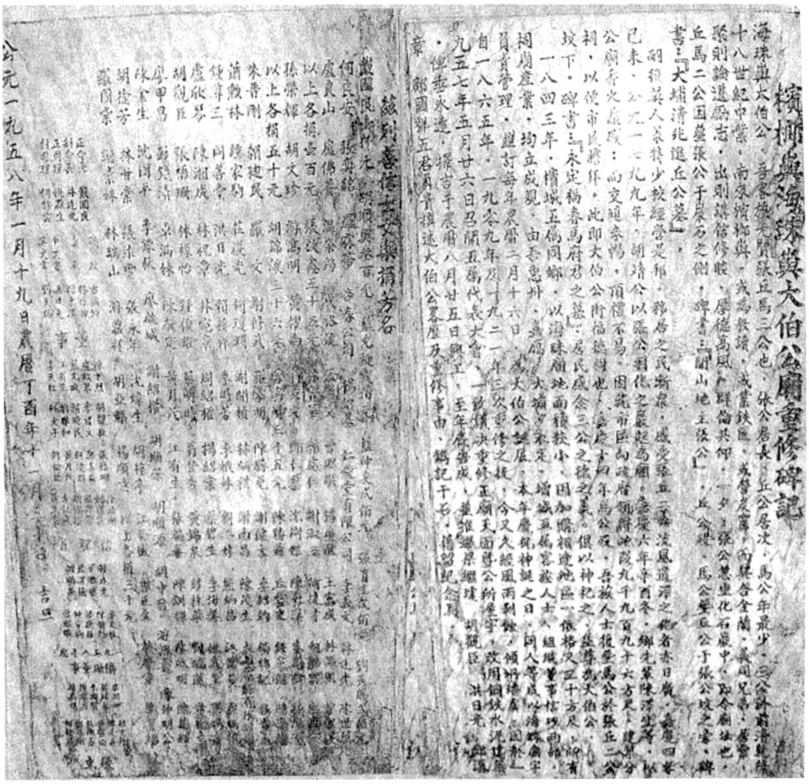

馬來西亞檳城海珠嶼大伯公廟重修碑記

馬來西亞檳城海珠嶼大伯公宫福緣善慶碑

馬來西亞馬六甲蘭城三寶山剪除草木碑記

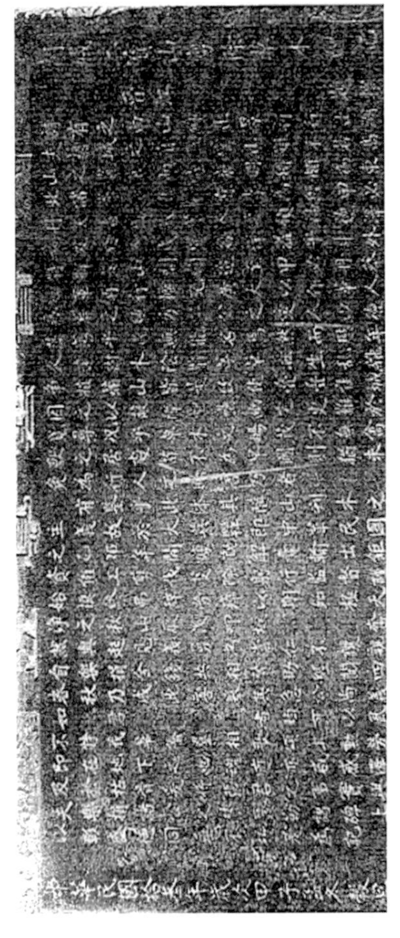

馬來西亞檳城重建城隍廟碑記（前碑）

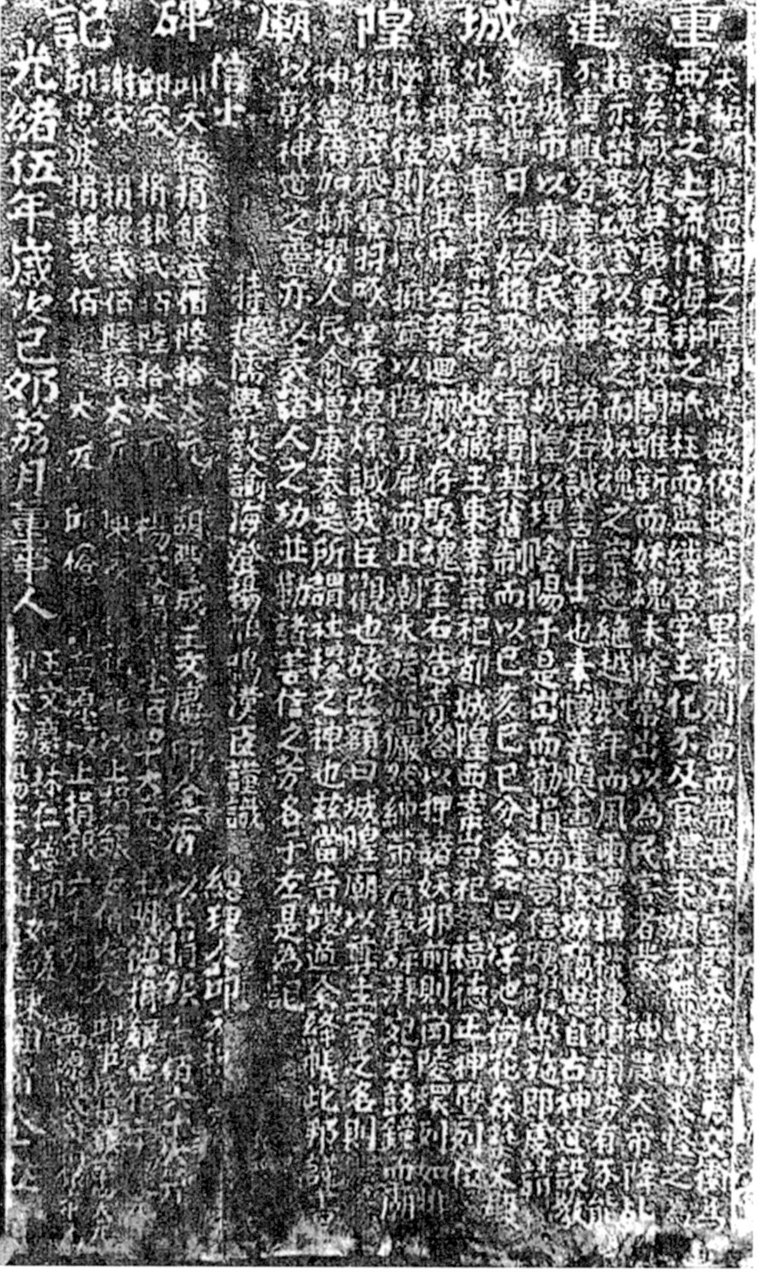

馬來西亞檳城重建城隍廟碑記（後碑）

重建城隍廟碑記

光緒伍年歲次己卯……董事人……仝立

新加坡雙林城隍廟廣福宮緣碑

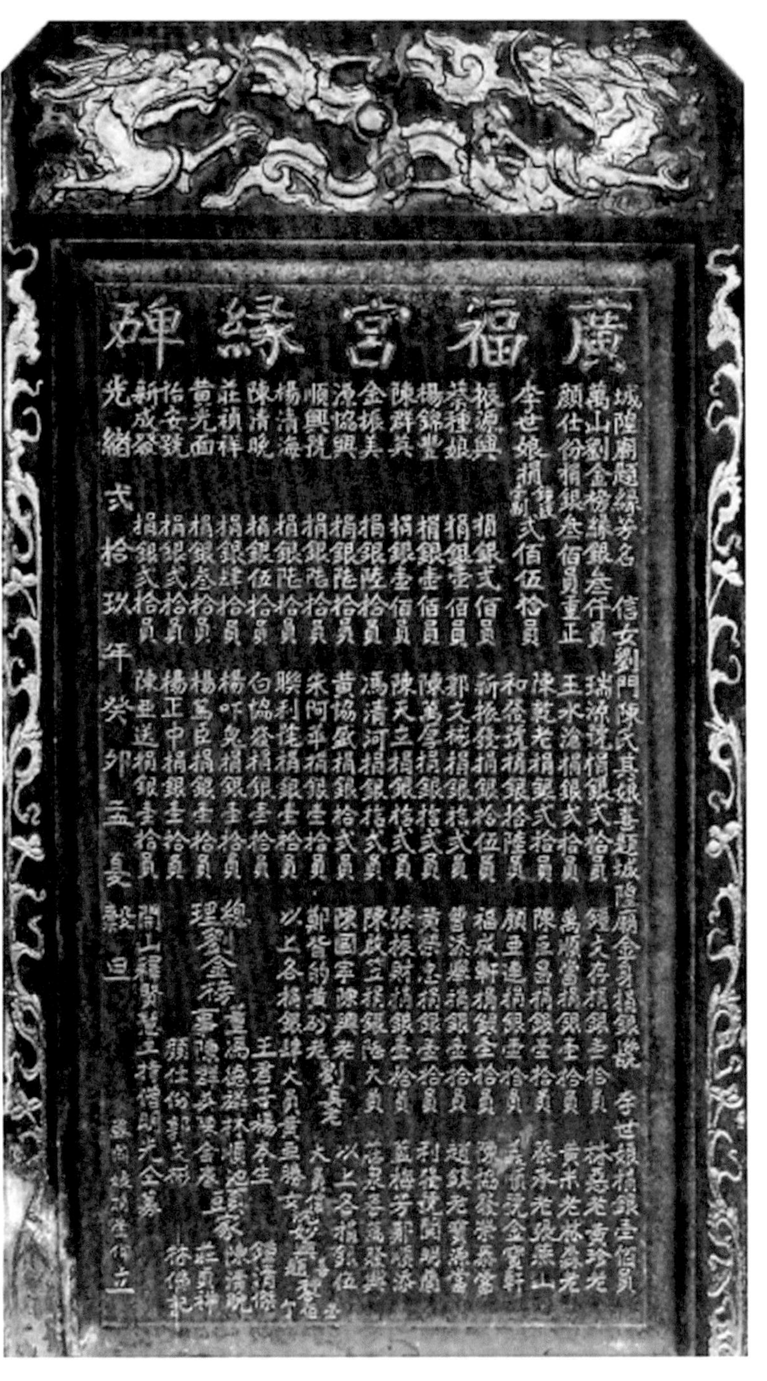

金蘭廟

道光十九年歲次己亥荔月初一日吉旦

馬來西亞檳城重建清雲岩碑記（前碑）

馬來西亞檳城重建清雲岩碑記（後碑）

馬來西亞檳城清雲岩碑

印度尼西亞怡里興水宮清水祖師公碑

馬來西亞吉隆坡南天宫（斗母宫）斗母宫匾

馬來西亞檳城慈濟宮惠澤尊王傳牌

慈濟尊王傳

印度尼西亞雅加達鳳山廟碑文

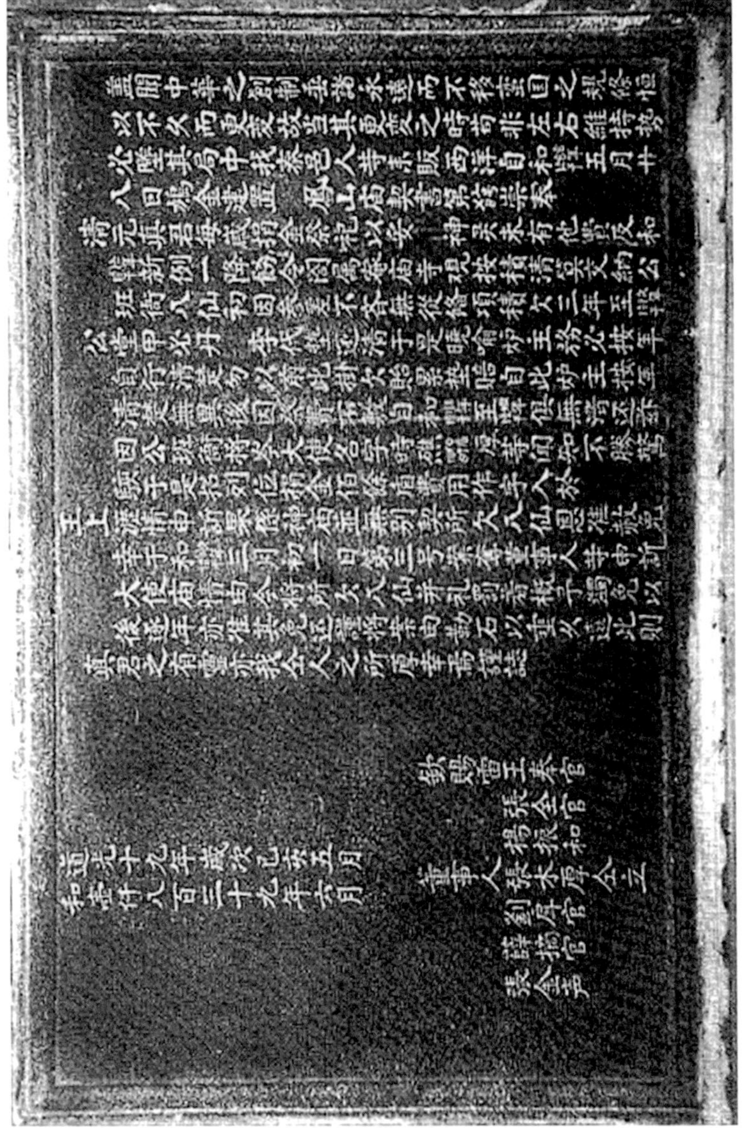

印度尼西亞直民丁宜公建九鯉洞并重修碑記

瓊瑶法教

公建九鯉洞並重修碑記

蓋聞祀典之興，由於恩澤之及人；而恩澤之及人者，莫如我
瓊瑶教主暨諸仙師文武聖神降鸞呵護，指迷[illegible]竈丹符水
療其疾病，救其凶危，所蒙仙聖垂佑，豈能盡述。是以男女老少
咸尊崇而敬奉焉。而洞宇早經民國戊子年集資興建，因當時
周度缺乏，草草告成，以致歷年經受風雨剝蝕之下，柱檐朽爛
者，此漸有不能修回之勢；苟不能加以修葺之，將朽者益朽，微
者益微，其何以永傳而弗替也。歲之壬寅，爰集本洞諸門人，捐
資而重修之。仲冬開工，翌年癸卯告竣。雖座洞宇因經費不敷
擴，昔僅止延至戊申歲再籌資而重整祖龕，經始是年臘底落
成，則洞宇一新，焉有後之視今，猶今之視昔，永久而常新之，是
於厚望也。

[illegible]

[illegible]

太歲己酉年季春　穀旦立

新加坡修整開山聖侯廟宇碑

馬來西亞檳城重修開山王廟捐緣碑

馬來西亞檳城開山王重修廟宇碑

馬來西亞千冬清華宮序碑（民國重刻石）

馬來西亞干冬清華宮造仙鷯捐題碑

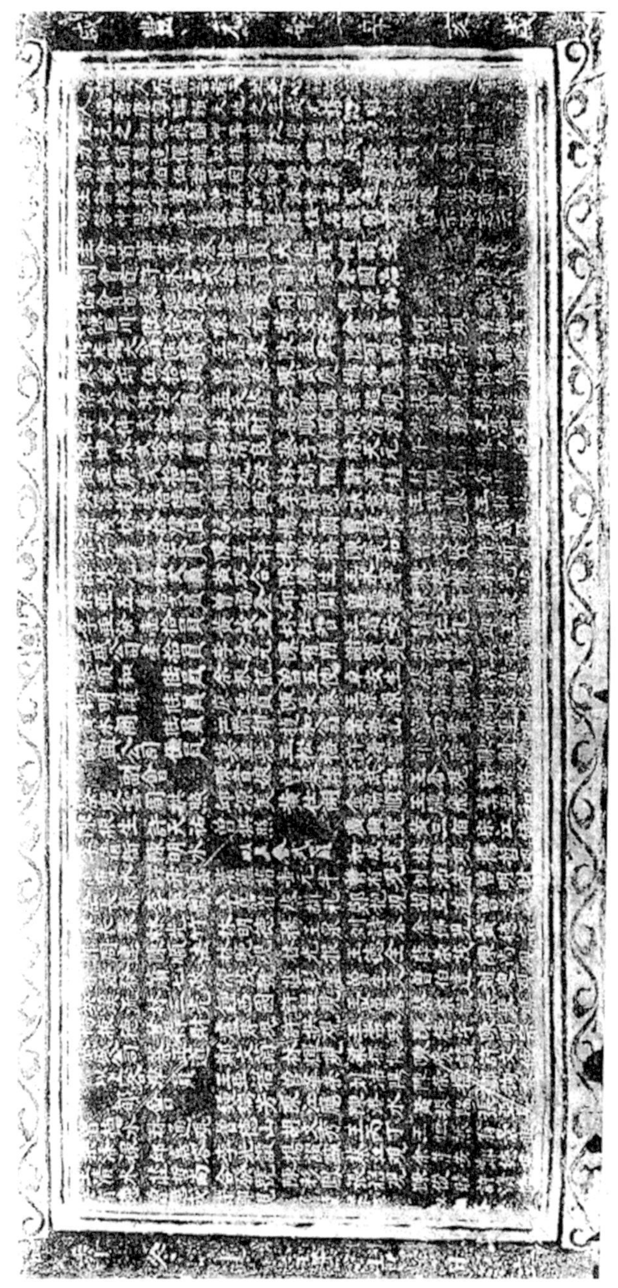

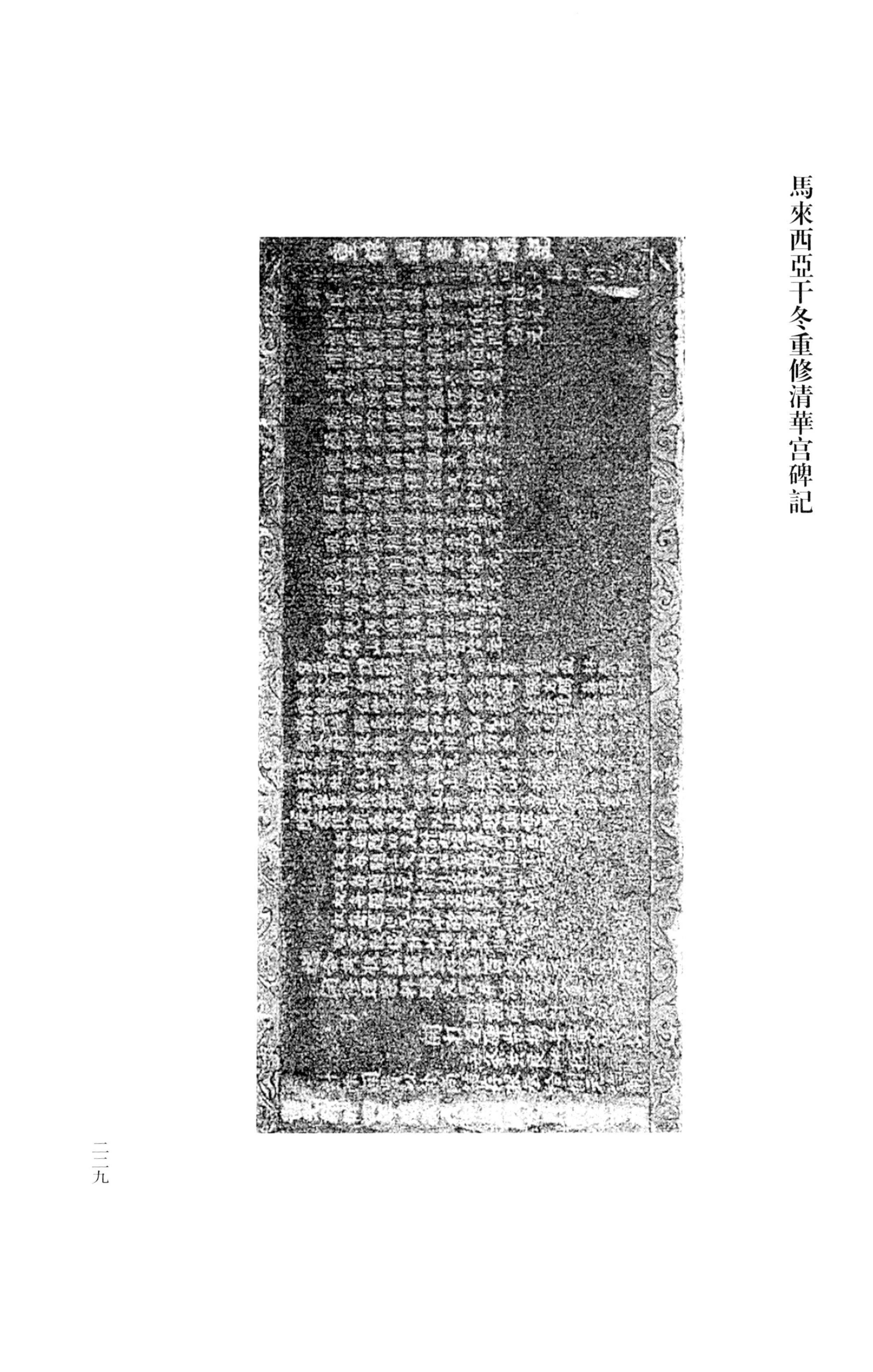

馬來西亞干冬重修清華宮碑記

馬來西亞干冬重修清華宮後界碑記

重修清華宮後界碑記

民國十五年丙寅冬月

馬來西亞檳城水美宮碑記

水美宮碑記

同治壬戌年季夏吉旦 董事人

馬來西亞檳城重建水美宮碑記（前碑）

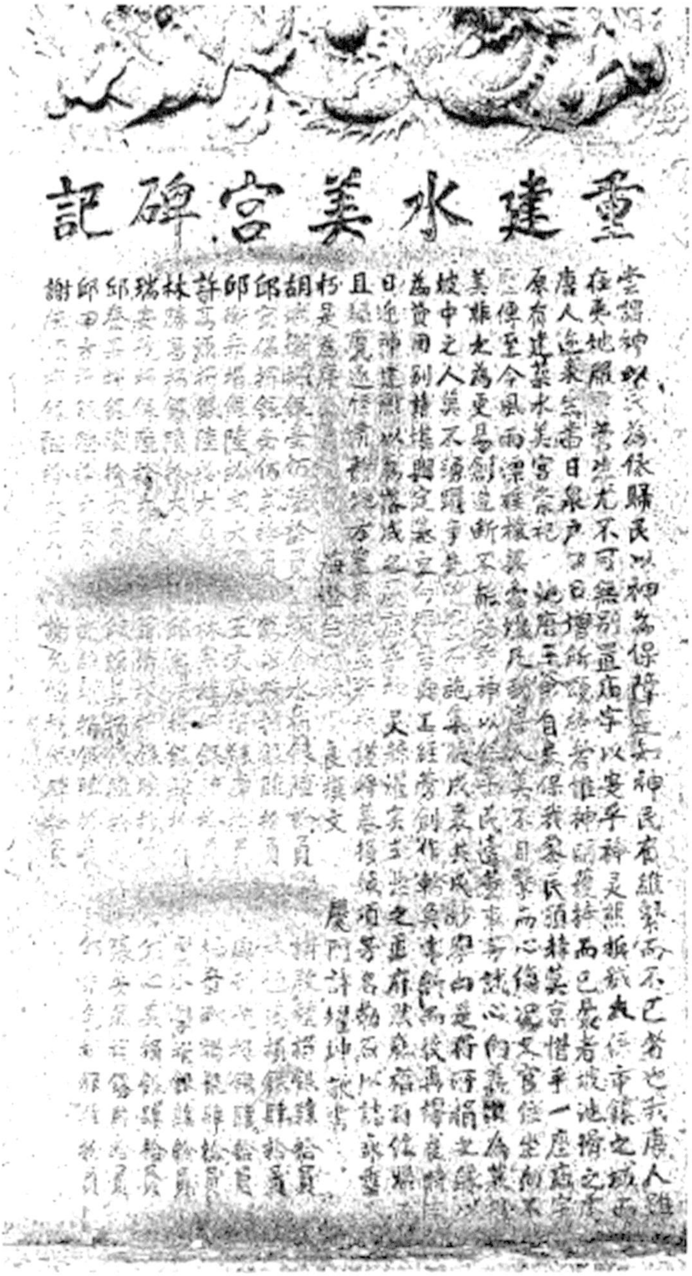

重建水美宮碑記

重建水美宮碑記

馬來西亞馬六甲重修勇全殿碑記

水美宮

重修水美宮捐緣芳名

中華民國七年歲次戊午三月 董事立

水美宮碑記

大清光緒三年歲次丁丑季冬月穀旦

馬來西亞檳城辛柯蔡宗祠水美宮碑記之一

馬來西亞檳城辛柯蔡宗祠水美宮碑記之二

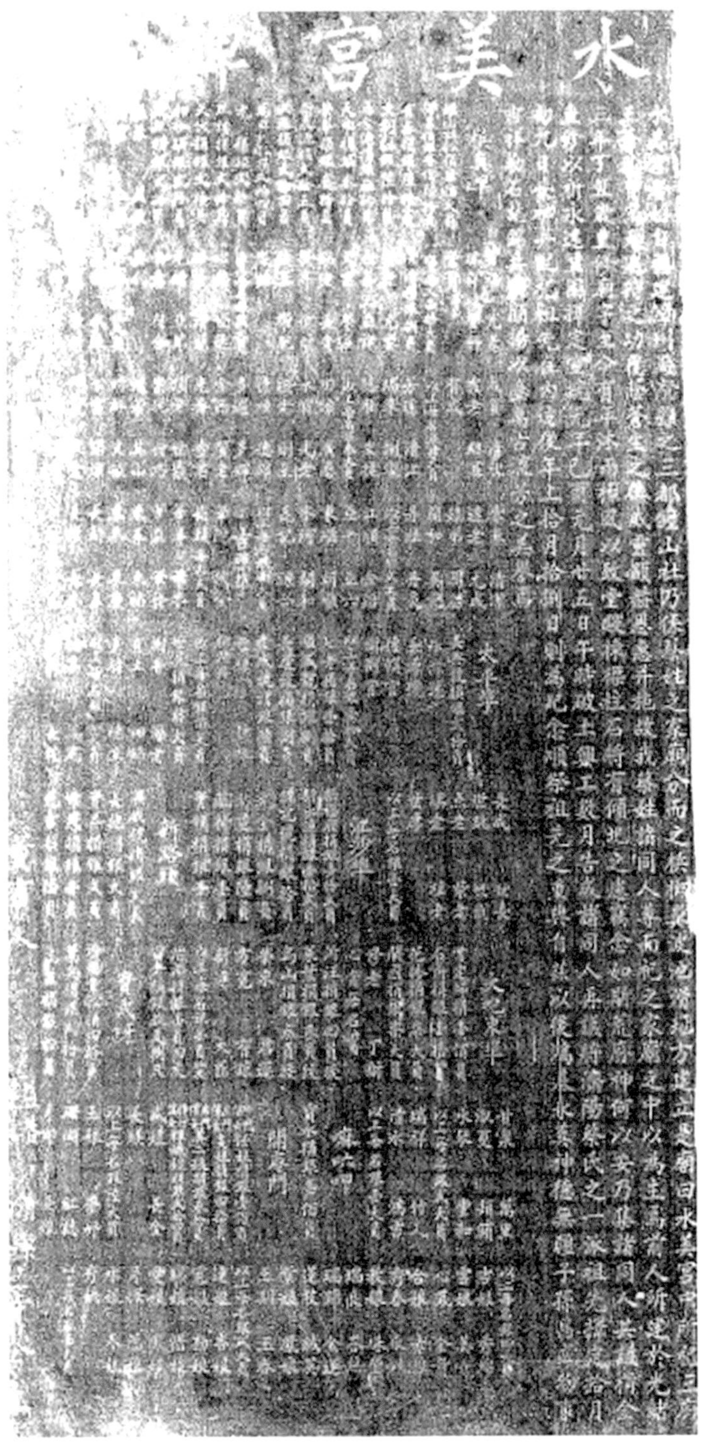

馬來西亞馬六甲勇全殿萬怡力地頭碑記

馬來西亞霹靂州太平倡建粵東古廟碑記之一

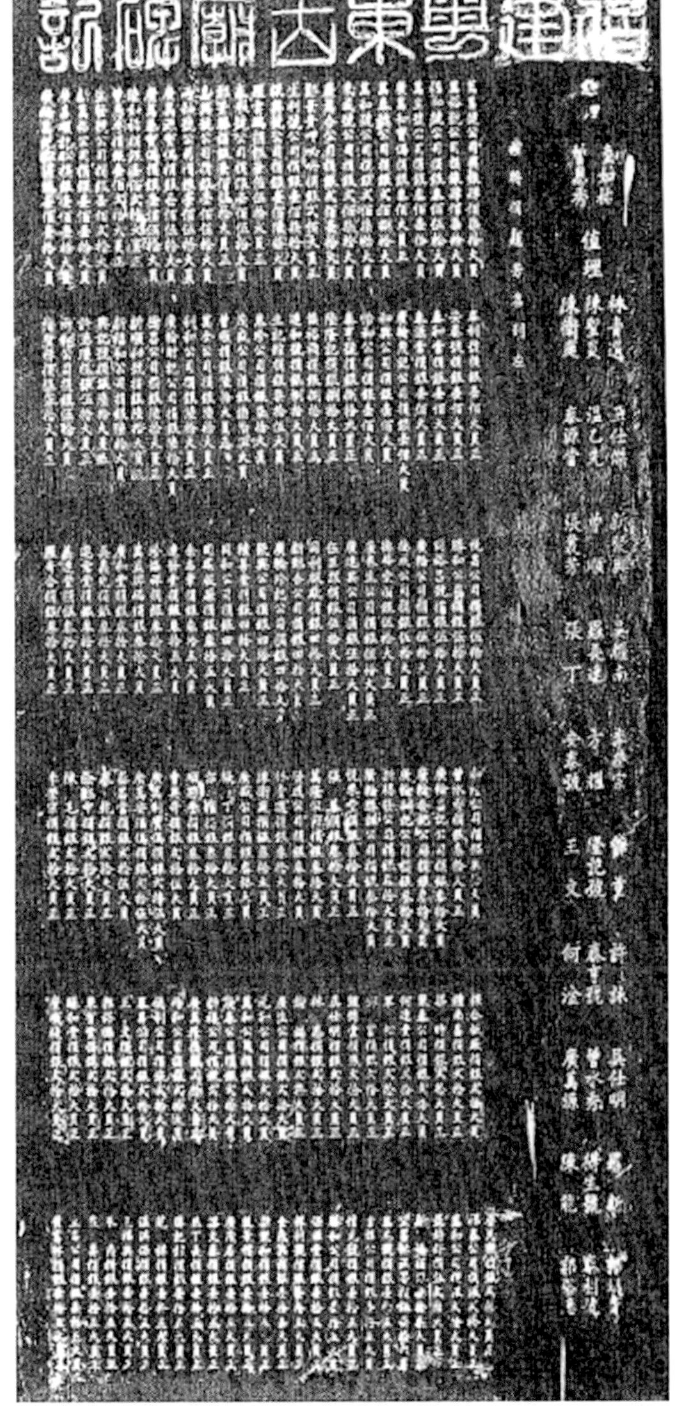

馬來西亞檳城龍山堂碑

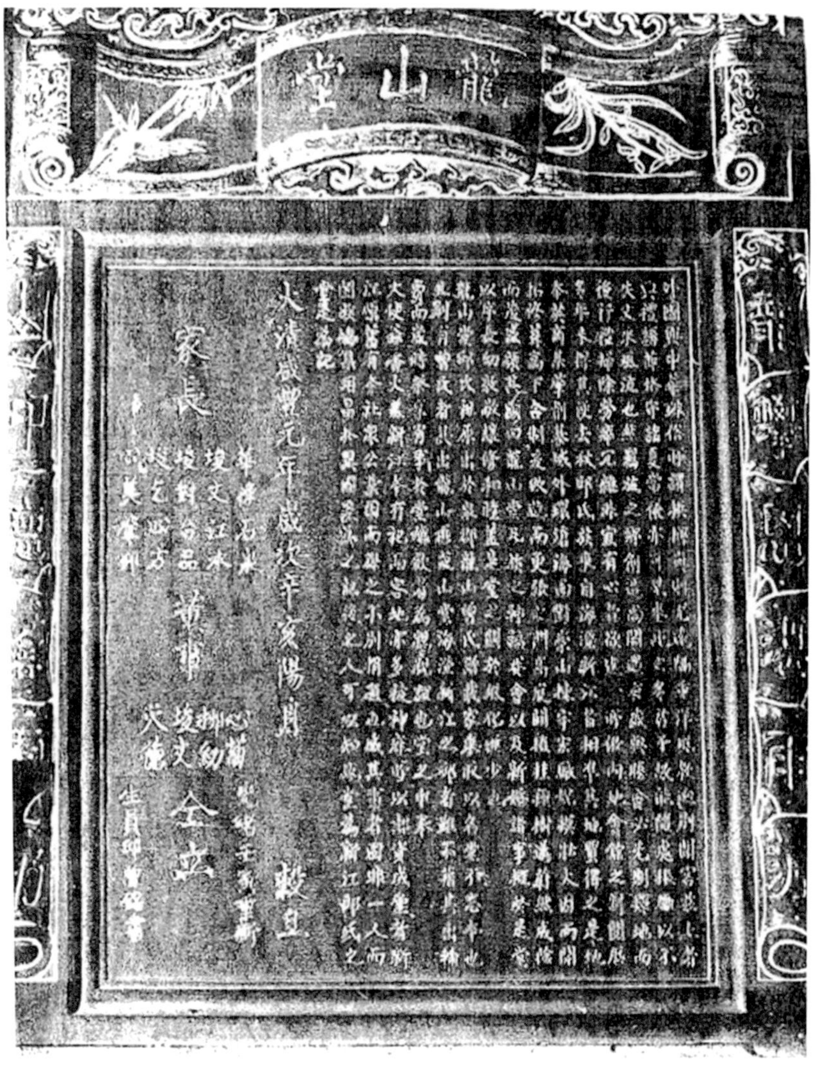

重修龍山堂碑記

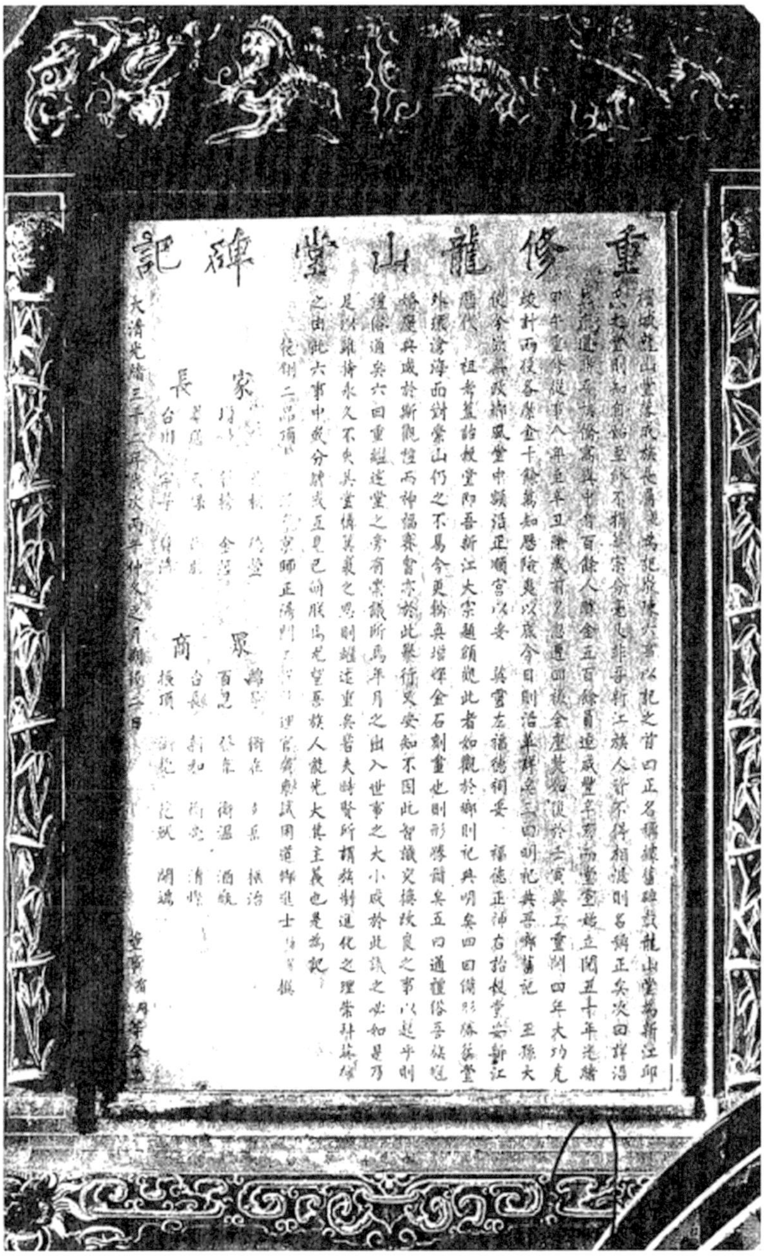

馬來西亞檳城重修龍山堂邱公司碑記

重修龍山堂邱公司碑記

檳榔嶼龍山堂爲吾新江邱氏祠堂，清道光乙未（公元一八三五年）吾族倫興百餘人醵資肇建者也。其名稱沿革、形勢、祀典以及禮俗，𠕇述舊碑，載述備矣，毋庸多贅。所應補者，斯堂宏構，古色古香，倣宮殿模型，其棟樑楹桷，木石斵雕，令璣翡翠，金碧輝煌，禽鳥花卉，亦栩栩如生，[illegible]八士咸謂實是瑰瑋冠絕，[illegible]不誣也。廿餘年前太平洋戰事爆發，馬島淪陷，檳城市區[illegible]，[illegible]局部角落亦受波及，[illegible]損毀。鮮合前賢屯心孫詒[illegible]參畫設計，成此傑構，承先啟後，自有重修之必要[illegible]山林[illegible]。是推舉十人成立小組委員會，鳩工重修，棟樑楹桷之腐損者，[illegible]瓦之破缺者，金碧赤白之漫漶不鮮者，悉予補治，無傷前人與廢後觀，所靡經費計六萬餘元。[illegible]成冬（公元一九五九年）工既完竣，族長召宗人欽而以書命青爲文以記之。青非嫺於文辭者，惟又迂疏且自[illegible]，[illegible]言素與建立，惟首人所創皆有記述，今茲所修，其可弗記耶？爰綴數語，非敢言文，蓋所以紀實，旨在不[illegible]於後也。是爲記。

新江詒穀堂二十一世裔孫蔚青謹撰

江蘇宜興孔翔泰敬書

全體董事

有益（主席）　思意　有才　宗裕　武秀　元穀　德星　子發

振德　維新　炳亮　思淵　澍曲　錫吉　培璋　思蛟

吉成　福壽　榮祥　振洋　天才　維壽　有德　天春

重修小組委員

有益（主席）　思意　福壽　思蛟　宗裕

有才　德星　澍曲　培璋　有德

公元一九五九年歲次戊戌仲冬　主席有益暨董事等全體立　[illegible]穀日

馬來西亞吉隆坡仙四師爺宮楹聯

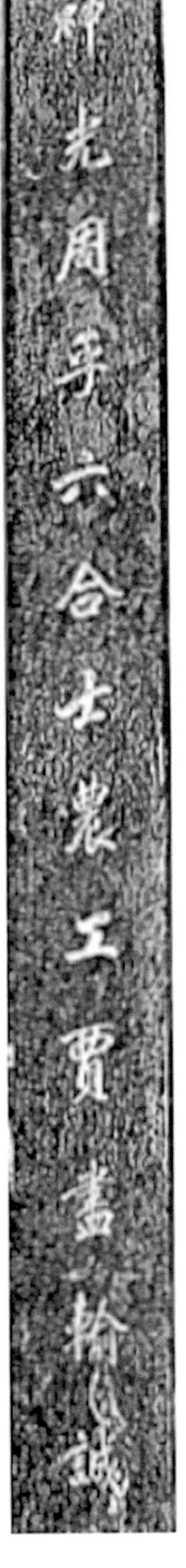

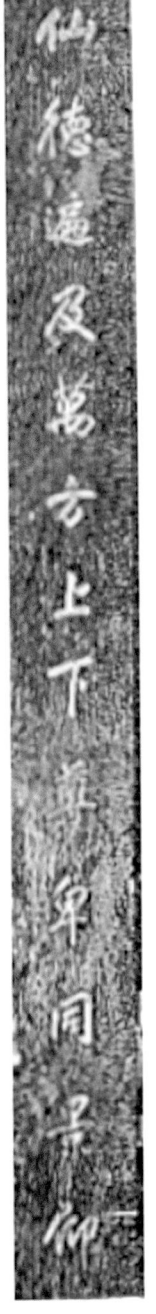

馬來西亞吉隆坡仙四師爺宮四公紀念碑

馬來西亞馬六甲和勝宮重修後殿捐緣碑

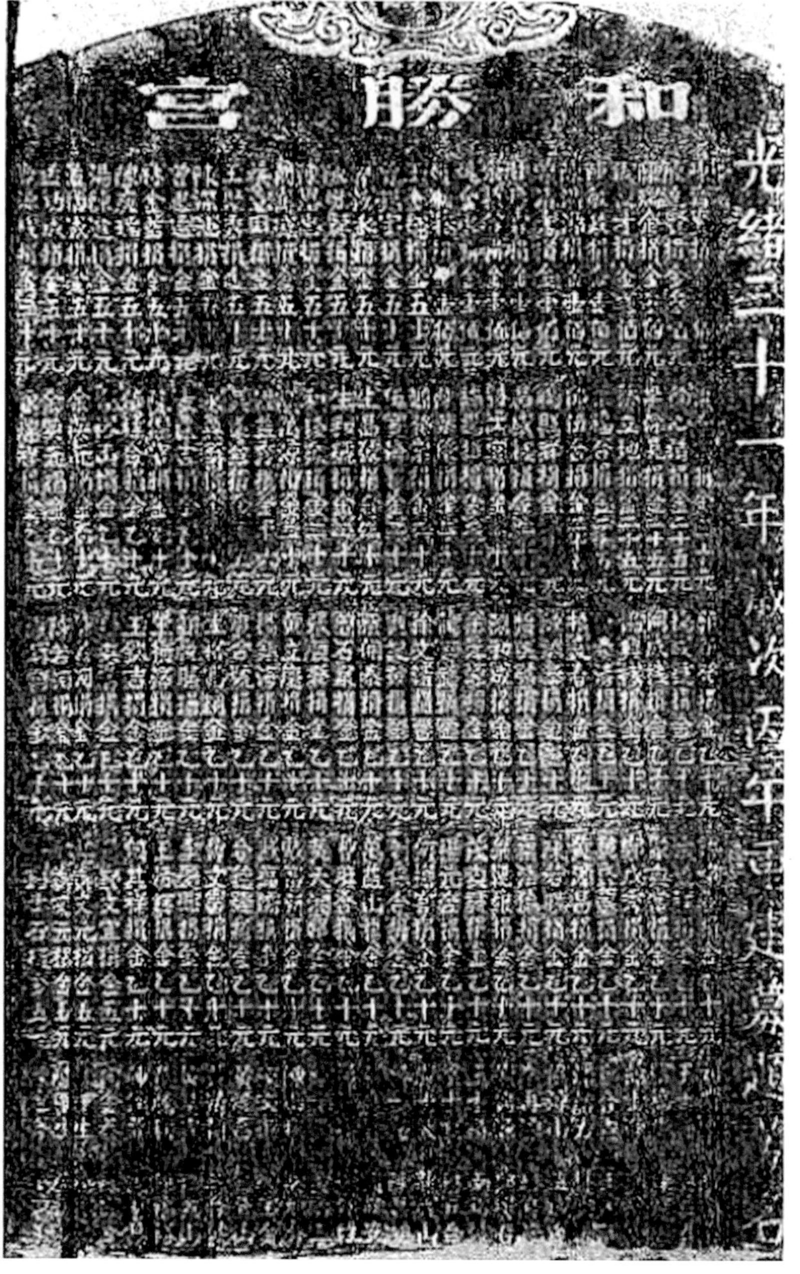

馬來西亞馬六甲和勝宫重建募題碑之一

馬來西亞馬六甲和勝宮重建募題碑之二

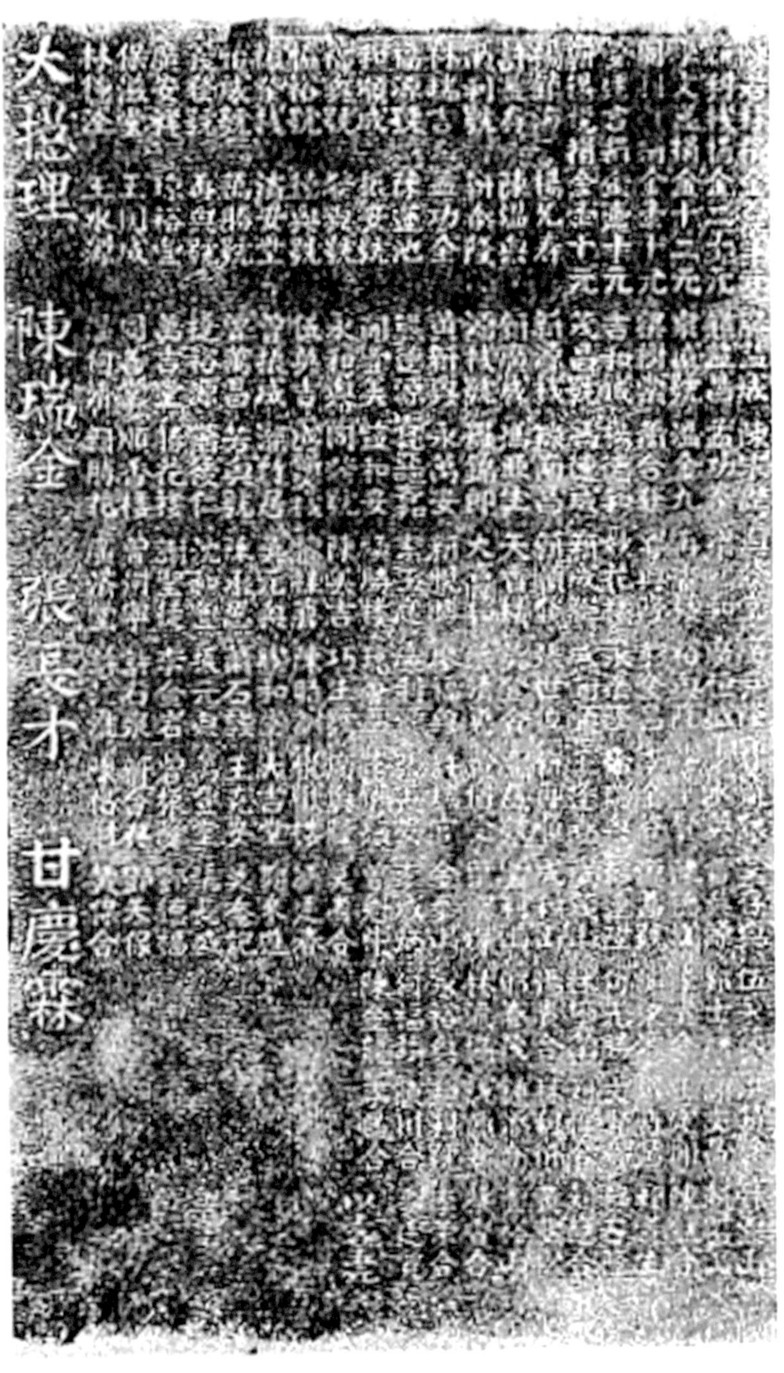

泰國北柳本頭公廟靈籤石板文

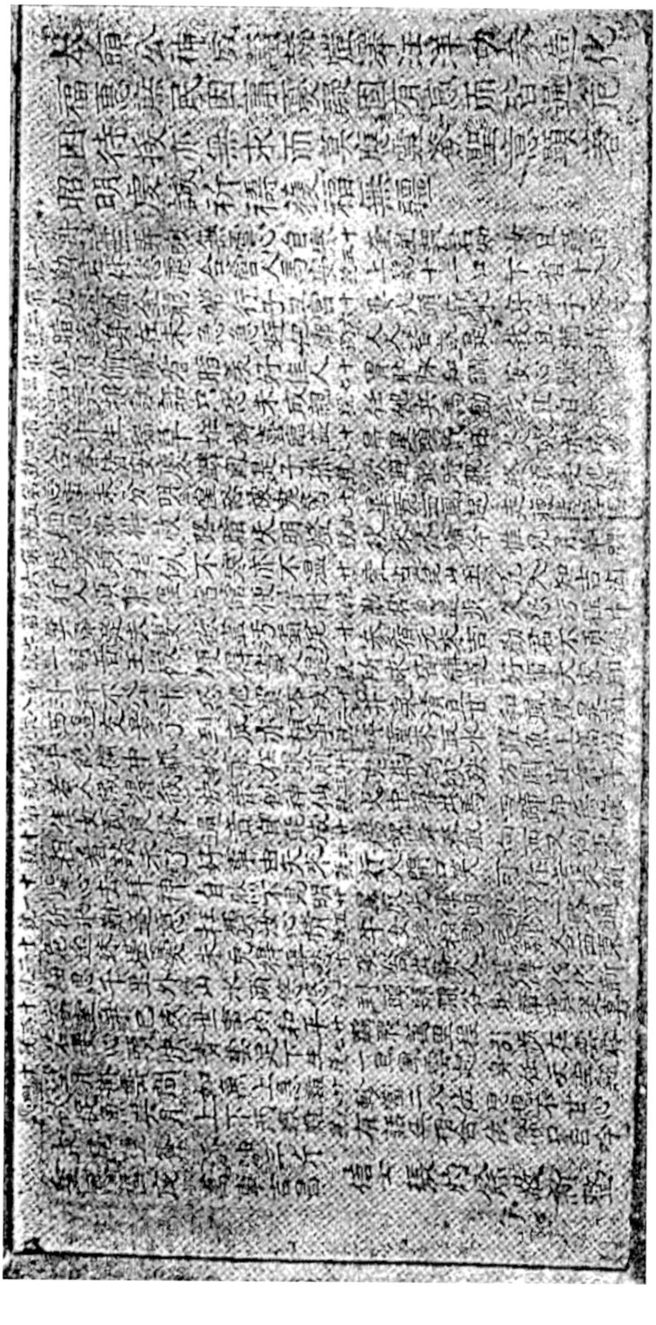

泰國柯叻磨艾古廟開光勝會紀事碑

泰國曼谷重修老本頭廟序碑

浯江孚濟廟碑記

旹光緒弍年歲次丙子

擇吉日大董事大總理等仝立

新加坡重建孚濟廟碑記

重建孚濟廟碑記

金門會館孚濟廟始建自遜清光緒丙子雖仗神明而設立實寓聯絡感情敦恭桑梓之意也過去歷史夙勒貞珉足資考鏡惟歲月淹久梁棟寖摧往來者咸失栖奇瞻望者且為歎咨嗟至民八土木重興糜幣巨萬築樓三層最高為廟堂而會館在焉其下出賃挹貲藉注經費綽爲有餘故凡利物濟人之舉敏行自勉猗歟休哉夫以當日 諸君之熱誠提倡固有足多要亦吾 鄉僑踴躍樂輸方克臻釁同人撫今追昔緬感滋殷于是本會館大會乃議决徵集捐欵 芳名鐫碑闡發復命本屆董事查照辦理意至善也顧事久時遷恐失根據念勸募固必盡瘁于錙銖而表彰安忍疏忽其姓氏是以鄭重登報廣為搜羅所得如斯謹用泐石並導梗概以示弗諼尚冀後之 君子有為有守長存魯殿於星洲同德同心永樹甘棠於浯島

許允之撰并書

董事

黃金鐘　黃肖岩　鄭應心　許怡輝

蔡嘉種　陳清吉　翁如松　李媽贊

陳芳歲　陳受益　黃卓善　受托人　黃文汀

陳景蘭　黃章慷　李景泰　楊長水　仝立石

鄭古悦　王丙丁　許允之　董春波　吳得力

中華民國二十年十二月　日

新加坡民八重建孚濟廟捐款芳名碑

新加坡金門會館重修落成記碑

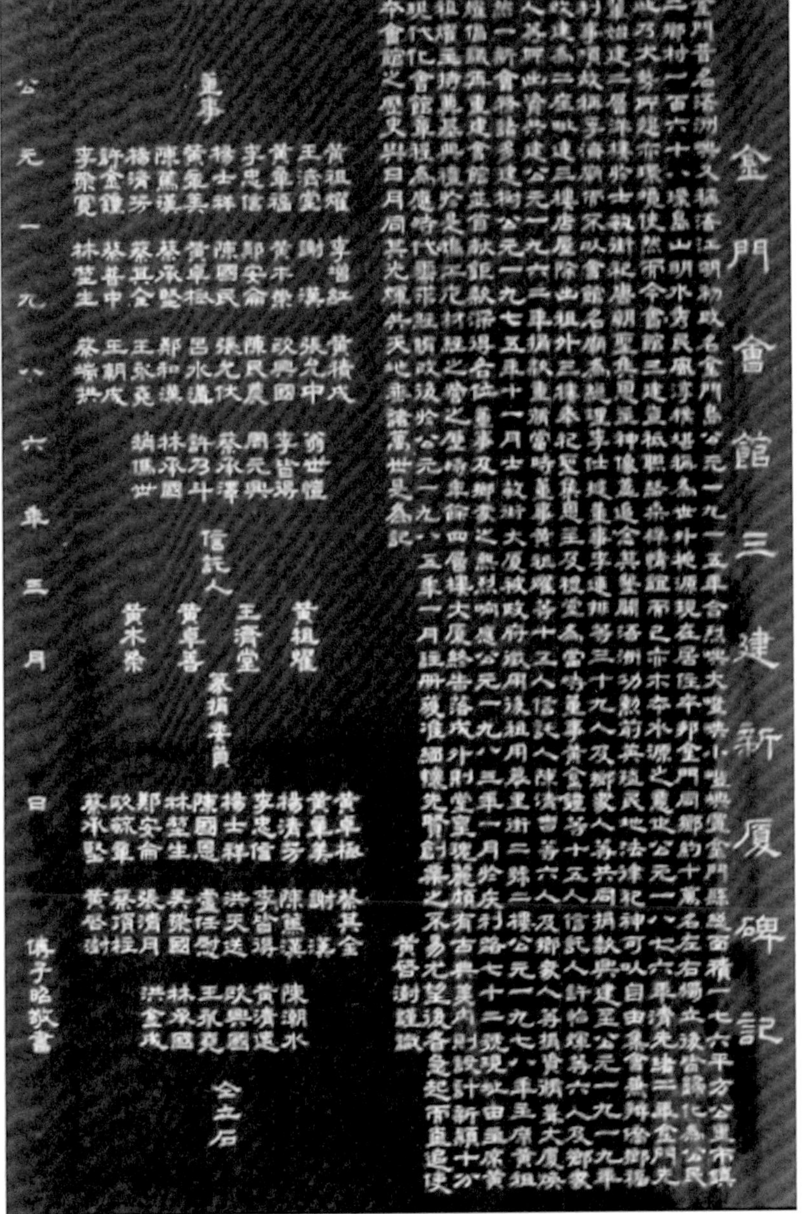

金門會館三建新廈碑記

金門昔名浯洲，又稱浯江，明初改名金門島。公元一九一五年合烈嶼、大嶝、小嶝設置金門縣，總面積一七六平方公里，市鎮二，鄉村一百六十。環島山明水秀，民風淳樸，堪稱為世外桃源。現在居住本邦金門同鄉約十萬名左右，獨立後皆歸化為公民，此乃大勢所趨，而環境使然。而今會館三建，豈祇聯絡桑梓情誼而已，亦示木本水源之意也。公元一八七六年清光緒二年，金門先輩始建二層洋樓於士敏街，祀奉朝聖恩主神像，並追念其開闢浯洲功勳。前英殖民地法律，祀神可以自由集會，兼辦鄉福利事項，故稱孚濟廟，而不以會館名。廟為總理李仕建、董事李連排等三十九人及鄉家人等共同捐款興建。至公元一九一九年改建為二座毗連三樓店屋，除出租外，三樓奉祀聖恩主及祖堂，為當時董事黃金鐘等十五人、信託人許怡輝等六人及鄉家人等所出資共建。公元一九六二年捐款重建，當時董事黃祖耀等十五人、信託人陳清吉等六人及鄉家人等捐資重建大廈，煥然一新，會務諸多建樹。公元一九七五年十一月，士敏街大廈被政府徵用，後租用基里街二號二樓。公元一九七八年，主席黃祖耀倡議再重建會館，並首獻鉅款，深得各位董事及鄉賢之熱烈響應。公元一九八三年一月於庚衬路七十二號現址由主席黃祖耀主持奠基典禮，於是鳩工庀材，經之營之，歷時一年餘，四層樓大廈終告落成。外形堂皇瑰麗，頗有古典美，內部設計新穎，十分現代化。會館章程為應時代需要，經修改後，於公元一九八五年一月註冊獲准。緬懷先賢創業之不易，尤望後者急起而直追，使本會館之歷史與日月同其光輝，共天地垂諸萬世，是為記。

黃晉謝謹識

董事

黃祖耀　王清堂　黃卓福　李忠信　楊士祥　黃龜美　陳篤漢　楊清芳　許金鐘　李餘覽

李增紅　謝　漢　黃木榮　鄭安侖　陳國民　黃卓極　蔡承堅　蔡其金　蔡普中　林堃生

黃積戊　張允中　歐興國　陳民農　張允伏　呂水進　鄭和漢　王永堯　王朝戊　蔡瑞拱

翁世權　李皆湯　周元興　蔡承澤　許乃斗　林承國　蔣偶世

信託人

黃祖耀　王清堂　黃卓善　黃木榮

募捐委員

黃卓極　黃卓美　楊清芳　李忠信　楊士祥　陳國恩　林堃生　鄭安侖　歐霖卓　蔡承堅

蔡其金　謝　漢　陳篤漢　李皆湯　洪天送　盧任慰　吳榮國　張清月　蔡頂桂　黃晉謝

陳潮水　黃清連　歐興國　王永堯　林承國　洪金戊

仝立石

公元一九八六年三月　日　傅子昭敬書

新加坡重修龜嶼大伯公宮碑

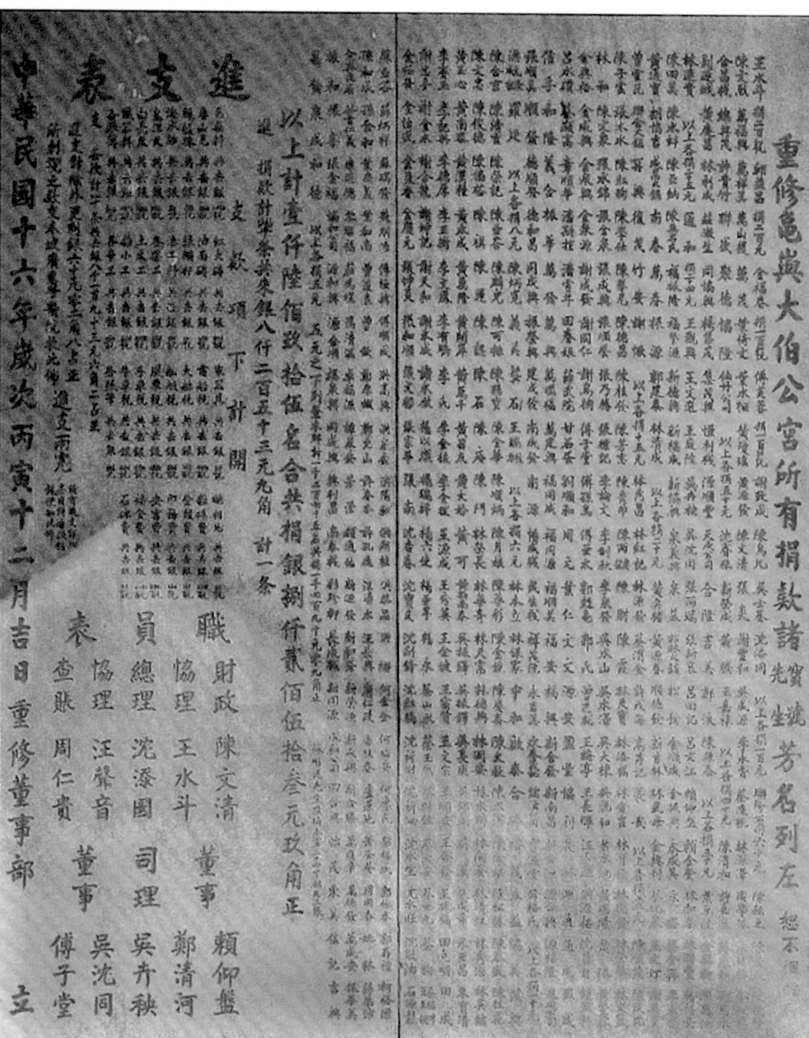
重修龜嶼大伯公宮所有捐款諸寶號先生芳名列左

以上計壹仟陸佰玖拾伍名合共捐銀捌仟貳佰伍拾叁元玖角正

進 捐款計柒条共來銀八仟二百五十三元九角 計一条

進支表

支 款項下計開

職員表

財政 陳文清　董事 賴仰盤

協理 王水斗　董事 鄭清河

總理 沈添國　司理 吳卉秧

協理 汪馨音　董事 吳沈同

查賬 周仁貴　董事 傅子堂

中華民國十六年歲次丙寅十二月吉日 重修董事部 立

泰國曼谷泰華聖娘廟「萬古流芳」碑

泰國曼谷重建泰華聖娘廟碑之一

新加坡永春會館告厥成功碑

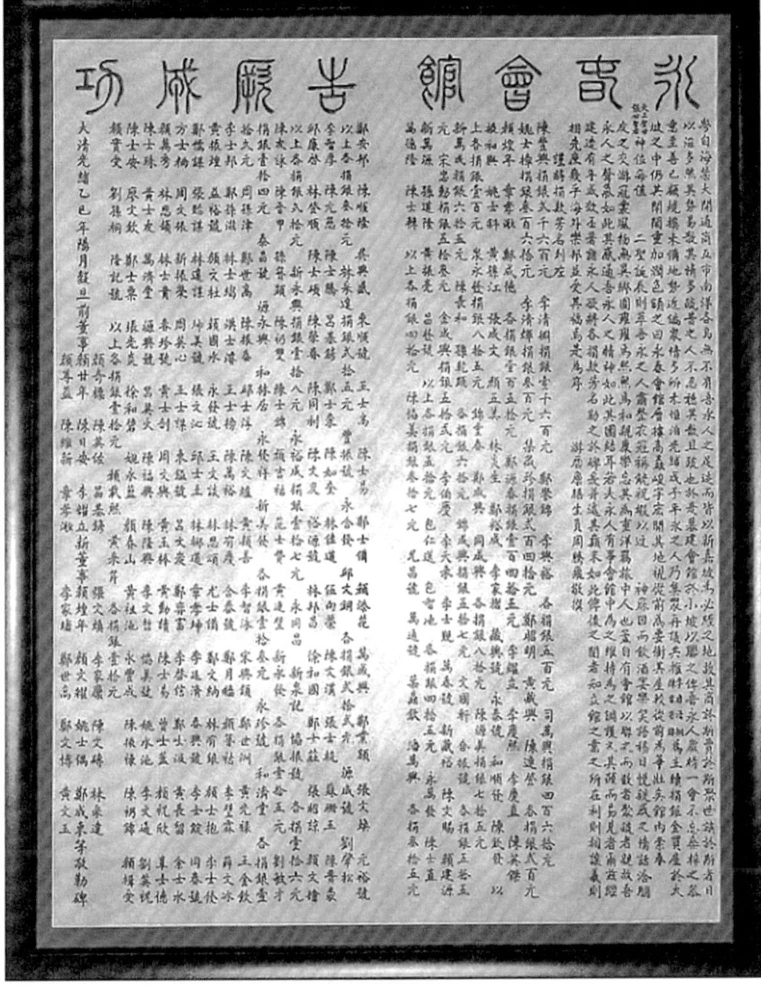

印度尼西亞中爪哇北加浪寶安宮樂捐牌

印度尼西亞中爪哇直葛重修澤海宮木牌

澤海宮

印度尼西亞中爪哇重修直葛澤海宮捐題碑

新加坡紫雲建廟碑記

新加坡仙祖宫重修碑

馬來西亞霹靂州太平何仙姑廟重修本廟碑記

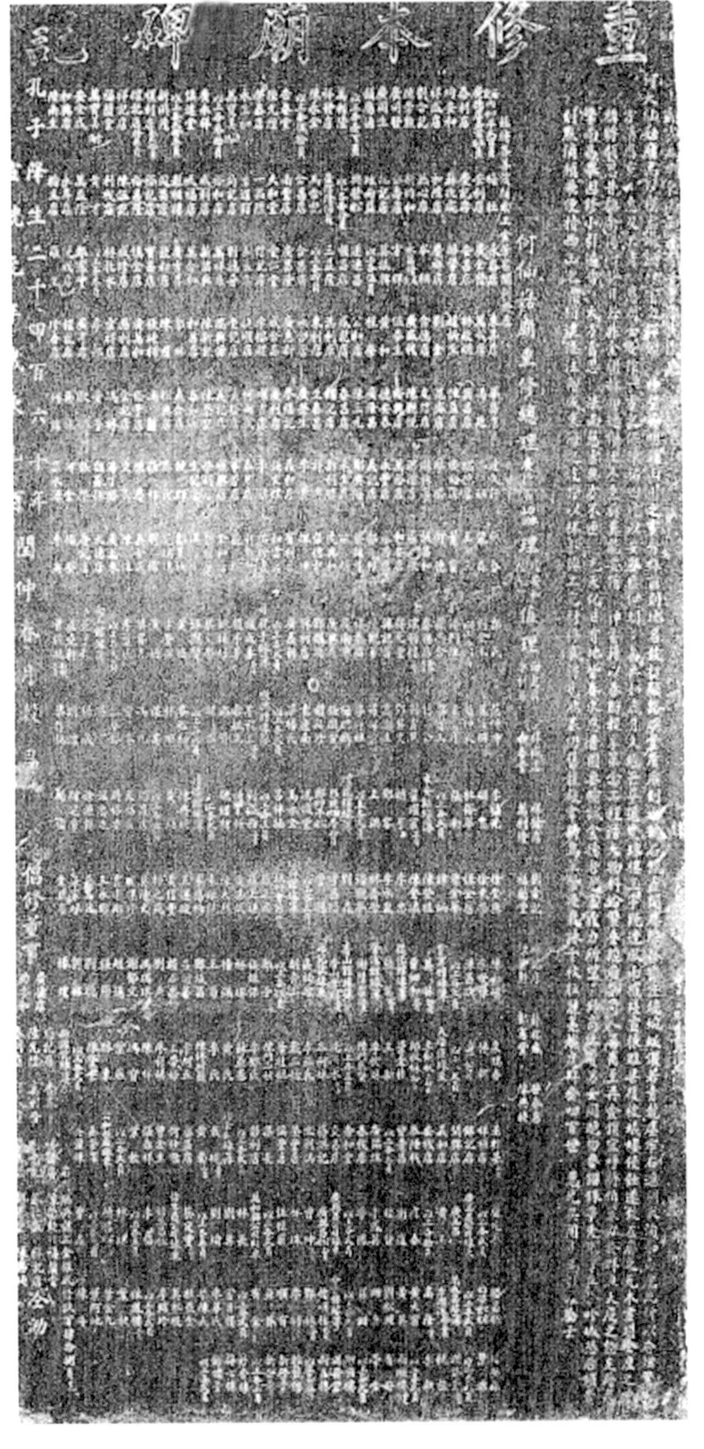

馬來西亞檳城北海天福宮碑

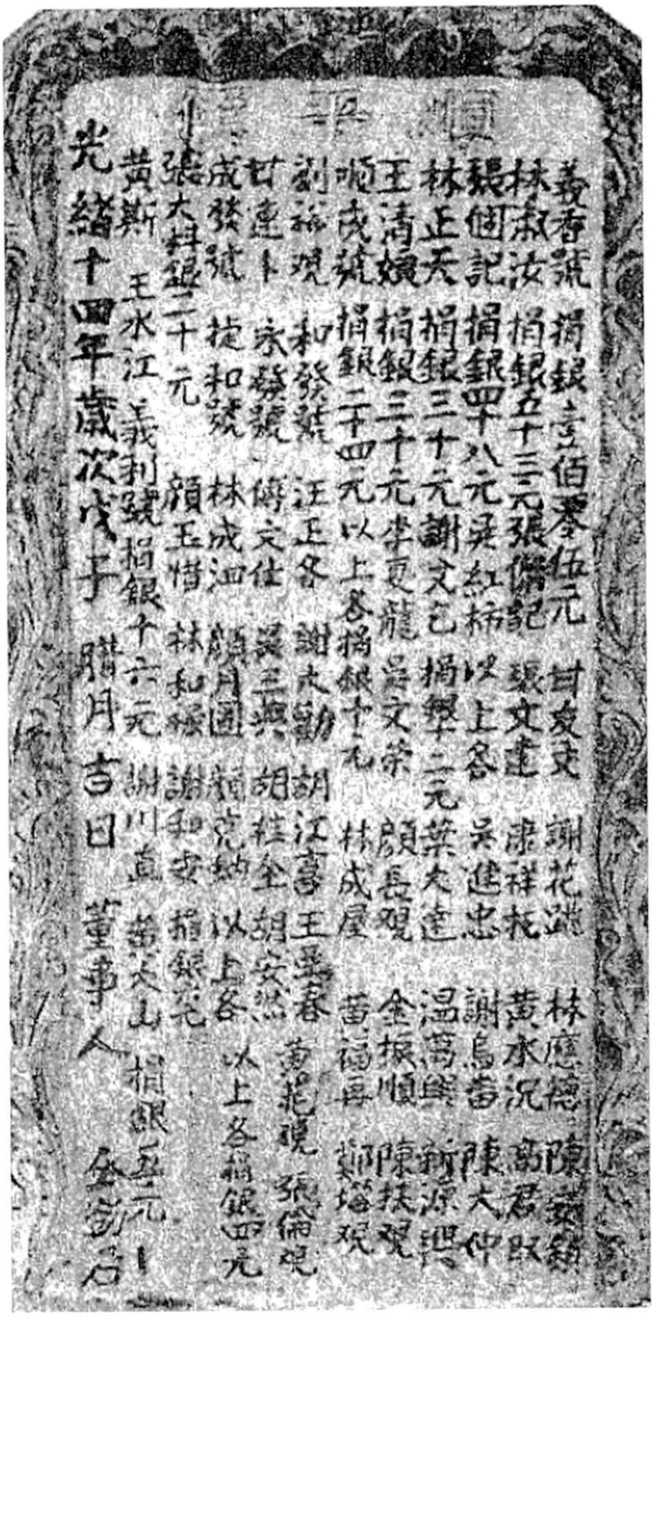

馬來西亞檳城北海天福宮捐緣碑之一

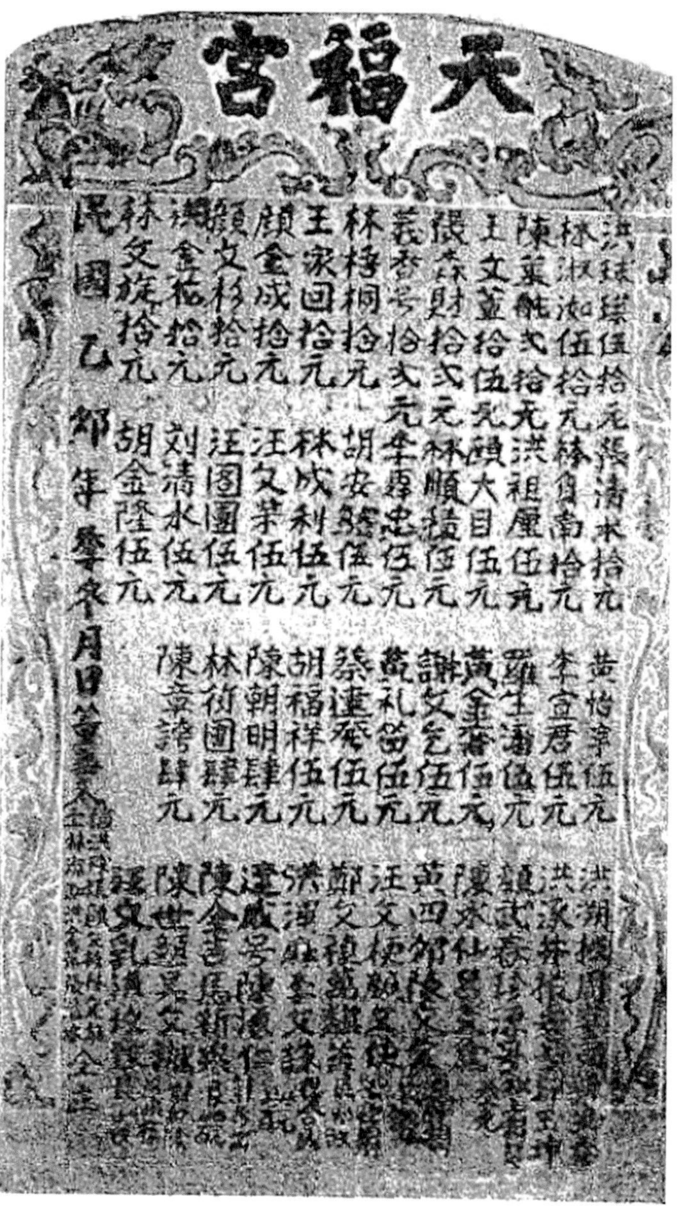

馬來西亞檳城北海天福宮捐緣碑之二

馬來西亞檳城林氏宗祠重修九龍堂碑記

新加坡新建禡山溪雲山宮記

新建禡山溪雲山宮記

計開善捐芳名列左

光緒廿八年歲次壬寅季五月吉日董事仝立石

新加坡重修雲山宮太師公廟宇志

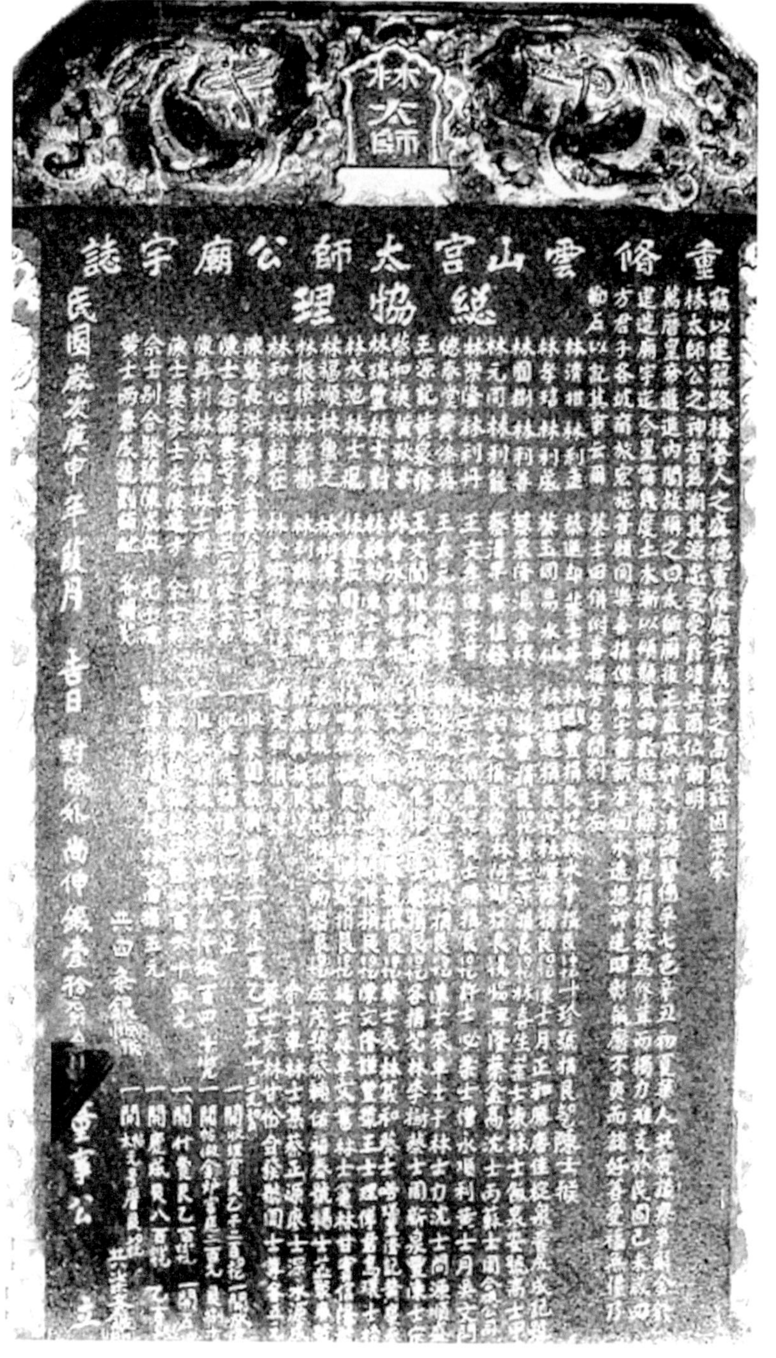

林太師

重修雲山宮太師公廟宇誌

總協理

馬來西亞霹靂州重建馬登綏靖伯廟碑記

重建馬登綏靖伯廟碑記

印度尼西亞直民丁宜歲戊申冬臘月九鯉洞功成爰爲之頌碑

符氏社勒碑

新加坡符氏社重修流芳碑